ENGLISH PROVERBS

英語のことわざ

秋本弘介
KOSUKE AKIMOTO

創元社

はしがき

　ことわざは，わたくしたちの生活経験の知恵であって，今日でも日常生活のなかに生きております。英語のことわざは，英米人の社会に共通の経験や英知の集約であり，結晶であります。英語を学ぶものにとって，英語の背景となるものを知ることが大切であることは，いまさらいうまでもありませんが，英語のことわざは，この背景の知識を豊富に提供してくれるという点で，きわめて重要な意味をもっているといわねばなりません。わたくしたちは，簡潔明快な英語のことわざを通して，英米人のものの考え方や，世知，人情，ユーモアなどをうかがい知ることができます。

　本書は，英語のことわざのうちで今日もっとも広く引用されているものだけを集めたものです。それぞれのことわざは，表現形式や語句に多少の異同がありますが，ここには現今いちばん一般的なものと思われる形のみを挙げました。

　ことわざの和訳は，原語の思考過程が理解しやすいように，できるだけ直訳してあります。和訳のあとに，わが国のことわざがカッコのなかに出ていますが，これは英語のことわざの思想に近い類想をもつものという意味であって，かならずしもピッタリと当てはまるものではありません。両者はそれぞれ発想や状況がかなり違っておりますから，邦語のことわざはただ参考程度にして，むしろ英語のことわざそのものを，じっくりと味わっていただきたいと思います。

　もともと，「ことわざ」(proverb) は普遍の真理や真実を述べたものであって，人間の行動の規準を教える「格言」(maxim)

とは異なるものですが,実際上,両者は厳密に区別することがむずかしくて,広い意味の「ことわざ」のなかに含まれることが多いようです。本書の「英語のことわざ」も,この「格言」をふくむ広い意味です。

なお,イギリスの国土に生まれたことわざのほかに,ギリシア,ローマに由来することわざや,フランスやスペインなどの外国から伝わってきたものも,英語のなかに深く根をおろして,英米人の日常生活のなかに融けこんでしまっているものは,むろん英語のことわざとして収めました。

本書では,ことわざを文頭の語にしたがってアルファベット順に配列してあります。これは,ことわざというものは,これを内容から自然,人生,言行,経済,家庭などにはっきりと分類できるものではなく,また検索の際にかえってはなはだしい不便を感ずる結果となると考えたからです。

ことわざは,たしかに人生の真理をうがっているものが多いようです。もちろん,たがいに対立する反例とみるべきことわざが存在することも少なくありません。たとえば,

Two heads are better than one.（三人寄れば文殊の知恵）や,
Many hands make light work.（手が多ければ仕事が楽）に対して,

Too many cooks spoil the broth.（船頭多くして船山にのぼる）また,

Honesty is the best policy.（正直は最上の策）に対して,

The honest makes himself a fool.（正直者がバカをみる）があります。

この二組のことわざは,皮相的にはそれぞれたがいに矛盾しているように見えますが,それは両者を抽象的に対比するからであって,もし,現実の日常生活の具体的な場に立って

考えてみますと、それぞれに普遍性をもつ真理を述べており、けっしてたがいにその真実性を相殺するものではないことがわかります。

英語のことわざの特徴のひとつは、頭韻 (alliteration) の愛用であります。頭韻とは、語句の意味を強調し、文意を感銘的にするために、同じ語頭音の語を用いることです。古代英語では作詩上大切な詩句結合の方法でしたが、今日でも、詩にかぎらず散文においても、新聞雑誌の広告にいたるまで、広く効果的に利用されています。たとえば、

Pride and Prejudice「誇りと偏見」(書名)

Budget and Building「予算と建設」(新聞論説の標題)

Wash and Wear「アイロン不要」(ワイシャツなどの広告)

のような頭韻の実例は、今日の日常の英語のなかに豊富に存在しています。

英語のことわざも例外ではなく、寸鉄人を刺す風刺、警句も頭韻の効果的な利用によって数段の迫力を帯びてきます。たとえば、旧約聖書「箴言」の

He that spareth his rod hateth his son.

(ムチを惜しむ者は子を憎むなり)

に由来する

Spare the rod and spoil the child.

(ムチを惜しんで子をそこなう)

においては、"hate" を "spoil" に変えることにより、"spare" と頭韻をふむことになって、力強い警句が生まれたわけです。

また、

Care killed the cat.(心配は身の毒)

Faint heart never won fair lady.

(弱気で美女を得たためしなし)

Liberty is not licence.(自由は放縦にあらず)

Many a little makes a mickle.（チリも積もれば山となる）

Practice what you preach.（まず隗より始めよ）

Wilful waste makes woeful want.（貧乏はムダから）

などのユーモラスな口調のよさや，覚えやすさも，頭韻のはたらきであるといえます。

また，脚韻（rhyme）をふむ英語のことわざも少なくありません。たとえば，

Fast *bind* fast *find*.（ちゃんとしまえば，さっと見つかる）

What can't be *cured*, must be *endured*.

（直せぬものは我慢せよ）

などにおいては，脚韻の力で対照的な語句があざやかに浮き出ています。また，

He who fights and runs *away* may live to fight another *day*.

（三十六計逃げるにしかず）

のような，やや長いことわざが少しも冗長な感じをあたえず，覚えやすく調子のよい句になっているのも，やはり脚韻の効果です。

以前，アメリカの週刊誌「タイム」に，

In show business, palship never reigns but it pours.

（芸能界では友情は来ればどっと来る）

という文が出ておりましたが，これが英語のことわざ

It never rains but it pours.（降ればどしゃ降り）

をもじったものであることは，すぐおわかりになるでしょう。平素は友情を示す余裕などのないきびしい競争の世界のお歴々も，ある老優の困窮を見かねて，どっと救援の手をさしのべた美談を報道した記事の冒頭に出た文章ですが，ことわざを生のままで出さずに，"rain"の同音異義語（homonym）を利用して巧妙な衣を着せ，いわば隠喩のような形で表現しているところは，さすがに「タイム」らしいですが，とにか

く，英語のことわざは，英米人の日常生活のなかで絶えず脈うっているわけです。

　英語のことわざは，イギリスの本土に生まれたものもあれば，ヨーロッパ大陸から移されたものもあります。古代ギリシアやローマの時代に由来する格言もあれば，聖書や詩人，文人の残した名句もあります。これらが長い年月のあいだに，イギリスやアメリカの国土につちかわれて成育してきました。とりわけチョーサーやシェイクスピア，それから聖書が，この英語のことわざの発達に大きな貢献をしたわけですが，簡潔なことばのうちに人情の機微にふれ，人生の真理をうがつ英語のことわざは，まさに英語国民の英知の結晶であるといえるでしょう。米国ペンシルバニア州の創建者であるウィリアム・ペン（William Penn, 1644-1718）は，「国民の英知は，ことわざのなかにある。ことわざを集めて覚えるがよい。ことわざは時間と口数の節約にもなり，ときには，もっとも安全確実な返答となることもある」("The wisdoms of nations lies in their proverbs. Collect and learn them. They save time and speaking, and upon occasion may be the fullest and safest answers.")と述べていますが，まことに至言というべきでしょう。

著　者

新版 英語のことわざ

❶ A bad workman quarrels with his tools.
ヘタな職人は道具を責める（弘法筆をえらばず）

17世紀ごろからのことわざで，道具や材料をやかましくいうのはヘタなしるしということ。

"quarrels with"のかわりに"blames"も用いられます。

日本では，能書家である弘法大師は良い筆を持たなくても書をよくし，結局才能さえあれば手段に困ることはないということをいっています。したがって「ヘタな職人は道具を責める」の反句といえましょう。

❷ A bird in the hand is worth two in the bush.
手中の一羽は，やぶの中の二羽に値する（あすの百より，今日の五十）

将来手にはいるかどうかわからない大きい利益よりも，現在確実に握っている利益の方を大切にすべきであるというたとえ。15世紀ごろからのことわざですが，やぶの中の鳥の数は，はじめ二羽だったのが，三羽，十羽，百羽と増えたこともありましたが，今日ではもとの二羽にもどっています。"Bush"という語は17世紀ごろから"wood"にとって代わりました。

❸ A burnt child dreads the fire.
やけどした子は火を恐れる(あつものにこりて,なますを吹く)

火あそびでやけどした子どもは,これにこりて二度といたずらをしなくなるという意。子どもにかぎらず,一度痛い目にあえば,にがい経験をくりかえさないように用心するようになるものです。14世紀ごろから現われていますが,現在の形で用いられるようになったのは16世紀。

わが国の「あつものにこりて,なますを吹く」は,熱い吸物で口をやけどした者が,冷たいなますも吹きさます愚をあざわらうたとえであって,この英語のことわざとは意味なり用途なりが多少ずれています。

❹ A cat has nine lives.
ネコに九生あり(ネコを殺せば七代たたる)

死んでいるようにみえても,あとで生き返ることがあるらしく,昔から「ネコは殺しても死なない」などといわれてきましたが,このことわざは16世紀ごろから現われたようです。

アメリカの作家ポー E. A. Poe (1809-49) は殺したはずのネコに復讐されるという怪奇小説「黒猫」(*Black Cat*) を書きました。現在アメリカでは"Nine Lives"という名の乾電池が一流メーカーから売り出されています。数字の"9"にネコを配した図案がついていますが,乾電池の商標としてはさすがにうまい思いつきだというべきでしょう。

"Care killed the cat." (心配は身の毒) は九生ありといわれるネコでも気苦労には勝てないということですから,じつは本項のことわざにささえられてこそ意味をもつわけです。

❺ Accidents will happen in the best regulated families.
どんなに規則正しい家でも事故は起きるもの

19世紀ごろからのことわざ。ディケンズの「デーヴィッド・コパーフィールド」に引用されています。(ただし, "happen" は "occur" となっています)

"Families" は「家」にかぎらずもっと一般的な広い意味で, たとえば学校や会社などをさしていう場合も多いようです。

❻ A chain is no stronger than its weakest link.
鎖の強さは, もっとも弱い環によって決まる

たとえ一つでも弱い環があれば, そこからちぎれることになるから, 鎖の強さはその弱い環によって決まるわけ。なにごとでも効力は弱い個所によって決定されるという比喩的な意味で引用されます。有名なイギリスの探偵小説作家コナン・ドイル Conan Doyle (1859-1930) のことばから出たものです。

❼ A creaking gate hangs long on its hinges.
鳴る戸は長くもつ (ヤナギに雪折れなし)

病弱の人の方が, かえって長生きするというたとえ。18世紀ごろからのもの。

"Threatened folk live long." (弱い人は長生きする) もこれとおなじ意。

鳴る戸は長くもつ
(ヤナギに雪折れなし)

❽ A drowning man will catch at a straw.
溺れる者はワラをもつかむ（窮鳥枝をえらばず）

　溺れる者は，近くに浮かんでいるものは何でもつかもうとする。事態が急迫した場合は手段をえらぶ余裕がないというたとえ。ローマの哲学者セネカのことばが17世紀ごろ英語にはいりました。

❾ A fool and his money are soon parted.
馬鹿と金はすぐ別れる（馬鹿の金にあしたなし）

　16世紀ごろからのことわざ。愚かな人間は金を持たせると，すぐむだに使い果たしたり，利口者に巻きあげられてしまうという意。

❿ A fool's bolt is soon shot.
馬鹿はすぐ矢を射る（馬鹿の一つ覚え）

　馬鹿はすぐ奥の手を出して行きづまるという意。14世紀ごろからのことわざ。"Bolt"は石弓の矢のこと。シェイクスピアの「ヘンリー5世」に，

"You are the better at proverbs, by how much 'A fool's bolt is soon shot.'"（ことわざにかけてはわたしより上だ。「馬鹿はすぐ射る」ようにね）と引用されています。

⓫ A friend in need is a friend indeed.
まさかの友こそ真の友

困ったときに助けてくれる友こそ真の友であり，逆境にあるときにこそ真の友情がわかるという意。金の切れめが縁の切れめとなって，貧しいときに寄りつかなくなる連中のことを，"fair-weather" friends といいます。

このことわざが現今の調子のよい形になったのは18世紀ですが，思想そのものは古く13世紀からあります。なおこのことわざの表現はややあいまいであるために，「困ったときは大いに友情を利用する」という皮肉な意味にとられるおそれもあります。

"The best time to make friends is before you need them."（友を必要としないうちに友を得よ）といった人があります。

⓬ A friend to all is a friend to none.
万人の友はだれの友でもない（八方美人たのむにたらず）

ギリシアの哲学者アリストテレスのことば。英語にはいったのは17世紀ごろ。

⓭ A Jack of all trades is master of none.
なんでもやる人は何ひとつ秀でない（多芸は無芸）

あれこれいろんな仕事をする人は，あぶはちとらずで何ひ

とつ満足にはできない。むしろ何か一つの道に専念する方がよいといういましめ。18世紀。

⑭ A little learning is a dangerous thing.
少しばかりの知識は危険である（生兵法は大怪我のもと）

学問の生かじりは人を誤ることがあるという意。イギリスの詩人ポープ Alexander Pope（1688-1744）のつぎのことばから出たもの。

A little learning is a dangerous thing; Drink deep, or taste not the Pierian spring; There shallow draughts intoxicate the brain.（少しばかりの学問は危険である。深く飲まなければ，ピエリアの詩泉は味わえない。浅く飲めば頭を酔わせるだけである）

日本でいう「生兵法は大怪我のもと」は，少しばかり武術を知っているのをたよりに大敵に向かって失敗するということをいったものでこれと心は同じものです。

⑮ A living dog is better than a dead lion.
死んだライオンより生きた犬（死んで花実は咲かぬ）

重要な人物になって死ぬよりは，たとえ名もない平凡な人間でも生きている方がよいというたとえ。旧約聖書「コヘレトの言葉」から出たことば。A living ass is better than a dead doctor.（死せる学者より，生きている愚人）も同じ意。

⑯ A man cannot serve two masters.
二君につかえることはできない（二足のわらじをはくことはできない）

両立しないような二つの仕事をひとりで兼ねることはむずかしいということ。聖書から出たことば。「マタイによる福音書」「ルカによる福音書」には，このことばのあとに，

"You cannot serve God and mammon."（神と富に仕えることはできない）と続きます。

二君につかえることはできない（二足のわらじをはくことはできない）

⓱ A man is as old as he feels, and a woman as old as she looks.
男は気で，女は顔で年をとる

　健康でさえあれば年齢など問題ではない。気の若い元気な老人がよく引用することわざです。これはイギリスの小説家コリンズ Mortimer Collins（1827-76）のことば。

⓲ A man may lead a horse to the water, but he cannot make it drink.
馬を水際に連れて行けても，むりに飲ませることはできない（意志は曲げがたし）

　こちらの思い通りにやらせようとしても，おのずから限界があって，いやがるものを強いることはできないというたとえ。16世紀ごろからのもの。イギリスの評論家ジョンソン Samuel Johnson（1709-1784）は，「馬をひくことは一人でできても，むりやり水を飲ませるのは二十人かかってもできない（…twenty cannot make him drink）」と強調しています。

⑲ A miss is as good as a mile.
一つまちがえば一里も狂う（一毫の差千里となる）

わずかなミスも，ミスはミス。古くは "An inch in a miss is as good as an ell."（1インチの誤りは1エルと同じ）ともいわれました（ell＝45インチ）。"miss" そのものと "mile" とは比較できないはずですから，現今の形のことわざは論理的でないともいえます。

⑳ A new broom sweeps clean.
新しいほうきはきれいに掃ける

新任者ははりきって仕事をするというたとえ。16世紀ごろからのことわざ。とくに，旧弊の一掃に熱心だという意。

㉑ A penny saved is a penny gained.
1ペニーの貯金は1ペニーのもうけ

倹約第一ということをいったもの。17世紀ごろ "A penny spared is twice got."（1ペニーの節約は2ペニーのもうけ）ともいわれていました。

㉒ A prophet is not without honour save in his own country.
預言者は故郷に容れられず

新約聖書「マタイによる福音書」から出たことば。自国において真価を認められず，知人友人からも尊敬されない人が他国で栄誉をうけることがあるという意。

㉓ A rolling stone gathers no moss.
ころがる石はコケむさず（石の上にも三年）

　たえず転々と仕事を変える者は成功しないというたとえ。ギリシアのむかしからいわれていることわざですが、英語にはいったのは14世紀ごろ。つぎつぎと職業を変える落ちつきのない人のことを"a rolling stone"といいます。

㉔ A secret between more than two is no secret.
三人の秘密は秘密にならぬ（三人寄れば公界(くがい)）

　秘密を知るものが2人より多くなると、秘密は保てなくなるという意。15世紀ごろからのことわざ。

㉕ A soft answer turns away wrath.
柔らかい答えは怒りをそらす（笑顔に刃(やいば)は向けられぬ）

柔らかい答えは怒りをそらす（笑顔に刃は向けられぬ）

　いきまいている相手に対して、もの静かにやさしい言葉で応対すれば、その激情もおさまるものであるという意味。旧約聖書「箴言」から出たものですが、聖書ではこのあとに、

"...but grievous words stir up anger."（はげしい言葉は怒りをかきたてる）と続きます。

㉖ A stick is quickly found to beat a dog with.
犬を打つ棒はすぐに見つかる

人を攻撃する材料は容易にみつかるものだという意。16世紀ごろからベーコンやシェイクスピアなどが引用しています。

㉗ A stitch in time saves nine.
今日の一針，明日の十針

ほころびはすぐにかがれば一針ですむところを，放っておくと破れが大きくなって十針も縫わねばならなくなるという意。文字通りの意味でも引用されますが，比喩的に用いられることが多い。18世紀ごろからのもの。

㉘ A straw may show which way the wind blows.
一本のワラよく風向きを示す（一葉落ちて天下の秋を知る）

イギリスの哲学者ベーコン Francis Bacon（1561-1626）は，"Fling up a straw, it will show the way the wind blows."（ワラをとばせば風向きがわかる）と引用しています。

わずかな前兆によって，あとに来るものを予知したり，一斑を見て全貌を推測することのたとえ。

㉙ A watched pot never boils.
見まもる湯沸かしはなかなか沸かない（待つ身は長い。待たるるとも待つ身になるな）

なにごとも待ちもうけていると長く思われるというたとえ。イギリスの女流作家ガスケル Elizabeth Gaskell (1810-65) が引用しています。

㉚ A wise man is never less alone than when alone.
賢者は孤独のときほど友多し

賢者がひとりでいるときは，あるいは瞑想にふけり，あるいは自己と語り合う時間を得て存分に精神的活動に従事することができるという意。キケロも引用しているローマ時代のことわざ。英語にはいったのは16世紀。

㉛ A word to the wise is enough.
賢者には一言で十分（一を聞いて十を知る）

愚鈍な人間は何度も忠告をくりかえしてやらなくてはならないが，賢明な人には忠告は一度で十分だということ。

㉜ Absence makes the heart grow fonder.
逢わねばいや増す恋心

友人でも恋人でも，離れていると欠点は忘れ，美点だけが心に残り，愛情がかえって強くなるという意。18世紀の格言集には，

逢わねばいや増す恋心

"Absence sharpens love, presence strengthens it."（逢わねばつのり逢えばいや増す恋心）と出ていますが，これが19世紀に定着して上記のようになったものと思われます。

このことわざと反対の意味を表わすものとしては，

"Out of sight, out of mind."（去る者は日々にうとし）がよく引用されます。これと同じ意味をもつ"Long absent, soon forgotten."は今ではあまり使われなくなっているようです。

㉝ All is fair in love and war.
恋と戦は手段をえらばない（勝てば官軍）

人間の原始本能を暴露した皮肉なことわざで，17世紀ごろからのもの。

㉞ All is not gold that glitters.
光るものかならずしも黄金ならず（人は見かけによらぬもの）

人間でも何でも外観だけでは判断できないというたとえ。古代ローマのことわざで，英語にはいったのは13世紀ごろ。動詞"glitter"は，古くは"shine"や"glisten"が用いられ

ました。

㉟ All is well that ends well.
終りよければすべてよし（終りが大事）

事業はその仕上がりによって判断すべきものという意。困難な仕事を完成したときなどに引用されます。14世紀ごろからのことわざ。シェイクスピアの「終りよければすべてよし」 *All's Well That Ends Well* はこれを引用したもの。

わが国の「画竜点睛を欠く」は，これを裏から表現したもの。

㊱ All sorrows are less with bread.
パンあれば悲しみもやわらぐ

パンあれば悲しみもやわらぐ

金があれば苦悩も軽減されるという意。生命保険のＰＲ用の文句のようですが，17世紀のセルバンテス作「ドンキホーテ」から出たことば。裏からいえば，

"There is no ill in life that is not worse without bread."（パンがなくては苦しみはいよいよ耐えがたい）となります。

㊲ All work and no play makes Jack a dull boy.
勉強勉強で遊ばない子は馬鹿になる（よく学びよく遊べ）

17世紀ごろからのもの。"All work and no play" は単一観念なので単数扱い。

㊳ An ounce of luck is better than a pound of wisdom.
小運は大知にまさる（知恵ありといえども勢いに乗ずるにしかず）

いかに知恵があっても，運がかたむくときは才覚の花も散りはてるという意。

オンスはポンドの16分の1で，約30グラム。オンスとポンドを対比することわざには，つぎのようなものもあります。

An ounce of practice is worth a pound of preaching.
（百の説教より一の実行）
An ounce of prevention is worth a pound of cure.
（薬よりも養生）
An ounce of discretion is worth a pound of wit.
（分別は才知にまさる）

㊴ Any port in a storm.
あらしに港をえらばず

危急の際は方法の良否などいっていられないというたとえ。18世紀ごろからのことわざ。

ⓜ Art is long, life is short.
芸術は長く，人生は短し

ギリシアのヒポクラテス Hippocrates (460–357 B.C.) のことばから出たもの。イギリスの詩人チョーサー Geoffrey Chaucer (1340 ? –1400) はこのヒポクラテスのことばを，

"The life is so short, the craft so long to learn."（人生は短く技はきわめがたし）

と訳していますが，"craft" はギリシア語の "technē"（技術）の訳語。ラテン語では，"Ars longa, vita brevis." となり "technē" は "ars" と訳され，これがやがて英語では "art" となって現今では「芸術」の意味に解されるようになりました。「芸術は永遠の生命をもつ」という意味は，もともとギリシアのことわざにはなかったわけです。

ⓜ As good be hanged for a sheep as a lamb.
どうせ首をくくられるなら子羊より大羊を盗め（毒を食らわば皿まで）

どうせ首をくくられるなら子羊より大羊を盗め（毒を食らわば皿まで）

悪事をはたらくからには大きいことをやるという意。16世紀ごろからのものですが，むかし羊泥棒が絞首刑に処せられ

ていたころ，小羊を盗んでも罰せられるなら大きい羊を盗んだ方が得だというわけ。Good＝well つまり，文頭を補えば"You may as well be hanged for a sheep as a lamb." ということになります。

㊷ As you make your bed, so you must lie on it.
床ののべ方がわるければ寝心地もわるい（身から出たさび）

自分の無責任な行為から生まれる結果は自業自得の報いで，がまんしなければならないというたとえ。

17世紀の格言集には，

"He that makes his bed ill lies there."（ぞんざいに敷いた寝床に寝るのは自分）の形で出ています。

自業自得のたとえは，つぎのようにもいわれます。

"As a man sows, so shall he reap."（蒔いた通りに刈らねばならぬ）

㊸ As you sow, so will you reap.
蒔いた通りに刈りとらねばならぬ（因果応報。自業自得）

新約聖書「ガラテアの信徒への手紙」の，

"For whatsoever a man soweth, that shall he also reap."

（人の蒔くところは，その刈るところとならん）

から出たものでしょう。8世紀アングロサクソンの詩人キネウルフ Cynewulf にもすでに引用されています。

シカゴのある仕立屋の看板に，

"As You Rip, So Shall We Sew!"

（お洋服のほころびは無料で縫修いたします）とあるのは，本項のことわざを巧みにもじったもの。"sow"「蒔く」と"sew"

「縫う」はともに［sou］と発音。"reap"「刈る」と "rip"「引き裂く」は母音の長短が異なるだけの類似音。

❶ Be just before you are generous.
寛大である前に公正であれ

　人に贈りものをしたり，施しをする前に，まず自分の借金を返済せよといういましめ。18世紀。

❷ Beauty is but skin-deep.
美貌も皮ひとえ

美貌も皮ひとえ

　美人といっても外面だけであって，皮の下はだれも同じ骸骨だというのですが，このことわざの真意は，うわべの美しさよりも心の美しさの方が大切だということです。かつて，「お肌に栄養をあたえて見ちがえるように美しくします」と宣伝する化粧品メーカーに対する批判文がアメリカのある雑誌に載ったことがありましたが，そのときの標題にこのことわざの文句が引用されていました。つまり，当時は皮膚に浸透する化粧品などは存在しない，という意味にもじって引用されたのです。

なお、"skin deep" をつぎのように使うと、「かりそめの恋だ」ということを意味します。

"His affection for her is only skin deep."

❸ Beggars cannot be choosers.
ものもらいはより好みせず（窮鳥枝をえらばず。もらいものに苦情）

助けを受ける立場にあるものは身勝手な欲望を出すことはできないという意。16世紀ごろから。

❹ Believe not all that you see nor half what you hear.
見たことを全部信じてはならぬ，聞いたことは半分も信じてはならぬ（話半分見て四分の一）

「人の話は半分ぐらいに割引して聞け」という意味のことばは13世紀ごろからありますが，上記のような形は19世紀ごろからのもの。

❺ Better an open enemy than a false friend.
虚偽の友より公然の敵

友を装う者は公然の敵よりかえって危険であるということ。13世紀ごろからのもの。

"False friends are worse than bitter enemies." ともいわれます。

シェイクスピアの「リチャード3世」に，

"God keep me from false friends."（偽りの友は遠ざけたいも

の）とあります。

❻ Better late than never.
遅くともなさざるにまさる（六十の手習い）

時間に遅れても来ないよりはましであり，遅まきでもやらないよりはよいという意味。紀元前1世紀のギリシアに由来することわざ。遅れてきたことを謝る人に対して引用されます。「六十の手習い」は，"It is never too late to learn." ともいいます。

❼ Better the devil you know than the devil you don't.
知らぬ鬼より知っている鬼の方がよい

海のものとも山のものともわからない相手よりも，事情のよくわかった相手の方が扱いやすいという意。その相手は，人間にかぎらず，困難な事情や不幸な事件などをさしていうこともあります。16世紀ごろからのことわざ。

❽ Big fleas have little fleas.
大きいノミは小さいノミにかまれる

貧富貴賤をとわず，わたしたちはみなそれぞれ悩みの種をもっているというたとえ。イギリスの風刺作家スウィフト Jonathan Swift（1667–1745）の詩を改作したつぎの詩行に由来するものです。

Great fleas have little fleas upon their back to bite 'em.
And little fleas have lesser fleas, and so *ad infinitum*.

(大きいノミは小さいノミが背に乗ってかむ。
小さいノミはさらに小さいノミがかむ。こうして無限に続いていく)

❾ Birds of a feather flock together.
同じ羽の鳥はともに集まる（類は友を呼ぶ）

同じ羽の鳥はともに集まる（類は友を呼ぶ）

　人間は自分に似た者を友にえらぶということ。"Of a feather" は "of the same kind"（同じ種類の）の意味。同じ種類の鳥がともに群れるところからこのことわざが生まれました。古代ローマ時代からありましたが，英語にはいったのは16世紀ごろ。

❿ Blessed is he who expects nothing, for he shall never be disappointed.
期待しない者はしあわせである。失望することがないからである

　イギリスの詩人ポープ　Alexander Pope（1688–1744）のことば。

⓫ Blood is thicker than water.
血は水よりも濃い（他人より身内）

血縁のつながりは、婚姻、交友その他の結びつきよりも強く血は争えぬという意。15世紀ごろ発生し、17世紀の格言集に採録されています。

⓬ Brevity is the soul of wit.
簡潔は機知の真髄なり（言は簡潔をたっとぶ）

シェイクスピアの「ハムレット」から出たことば。要領よく短いことばで豊かな内容を表現するのが名言。これを裏からいえば、「下手の長談議」。

イギリスの随筆家ラム Charles Lamb (1775–1834) は、

"Brevity is the soul of drinking, as of wit."（短く切りあげるのが名言のコツであり、飲酒のコツでもある）と引用しています。

⓭ By other's faults wise men correct their own.
賢人は他人の欠点を見て自分の欠点を直す（人の振り見てわが振り直せ）

❶ Care killed the cat.
ネコも心配すれば死ぬ（心配は身の毒）

九生あるといわれるネコでも心配には勝てないのだから，気苦労は健康をそこない，不幸を招き，長生きできないことにもなるというたとえ。

このことわざは，"Care" "killed" "cat" の語頭音 [k] の頭韻が効果的にはたらいています。

シェイクスピアは「から騒ぎ」のなかで，

"What though care killed a cat, thou hast mettle enough to kill care."（ネコも心配すれば死ぬというが，きみなら心配の方が顔負けするよ）と引用しています。

❷ Catch not at the shadow and lose the substance.
影をとらえて本体を失うな

つまらないものを得ようとして大切なものを失う愚をいましめることば。川に映る骨をとろうとして，かえって自分がくわえていた骨を失ったイソップ物語の犬を暗に指していることはいうまでもありません。16世紀ごろからのことわざ。

❸ Charity begins at home.
仁愛はわが家にはじまる（他人より身内）

"Charity" はもともと「愛」という意味で用いられたはず

ですが,「慈善」の意味にとられるようになって,現今では喜捨を断わる口実に利用されることが多いようです。はじめは「愛はわが家に始まって,わが家に終わらず」であったことばの後半 "but does not end there" が切りすてられたわけです。

❹ Cleanliness is next to godliness.
清潔は敬神に近し

清潔な生活は道徳的な意味にとどまらず,身体や身のまわりについても大切であるという意味。ベーコンは "Cleanliness of body was ever deemed to proceed from a due reverence to God." (身体の清潔は敬神のあらわれである) と述べています。
"Cleanliness" の発音は [klénlinis]。

❺ Coming events cast their shadows before.
事が起こるまえに影がさす（事には前兆がある）

重大な事件の起きるまえに,そのきざしが現われることがよくあります。また,なんとなく「虫の知らせ」というような予感のすることもあります。このことわざは普通望ましくない事件の場合に引用されます。

❻ Constant dropping wears away a stone.
点滴石をうがつ

微力でも根気よくやれば成功するたとえ。ギリシア,ローマのことわざ。英語にはいったのは13世紀ごろ。旧約聖書「ヨブ記」に,

"The waters wear the stones."（水は石をうがつ）とあります。

"Wear away" は「すり減らす」という意。

❼ Corruption of the best becomes the worst.
最善のもの堕落すれば最悪と化す

ラテンの格言 "Corruptio optimi pessima." の英訳。13世紀ごろからのもの。シェイクスピアのソネットに，

"For sweetest things turn sourest by their deeds; Lilies that fester smell far worse than weeds."（もっとも甘いものが，かえってもっとも酸っぱくなる。ユリは腐ると雑草よりもいやな悪臭をはなつ）とあります。

❽ Cowards die often.
臆病者はいくども死ぬ

臆病者はいくども死ぬ

臆病者は一生のうちに，もう命がないと思うほどの恐怖におそわれることが絶えずあるという意味。

このことわざはシェイクスピアの「ジュリアス・シーザー」のつぎのことばに由来するものです。

"Cowards die many times before their death; The valiant never taste of death but once."（臆病者は本当に死ぬまでに幾度となく死ぬが，勇者はただ一度しか死を味わわぬ）

❾ Curses, like chickens, come home to roost.
のろいは鶏のようにねぐらに帰る（人をのろわば穴二つ）

他人の不幸を願っていると自分の身にはねかえってくるものだという意。13世紀ごろからのことわざ。詩人サウジー Robert Southey (1774-1843) は，

"Curses are like young chickens, they always come home to roost." と引用しています。

同じ心はつぎのようにも表現されます。

"Hating people is like burning down your own house to get rid of a rat."（人をにくむのは，ネズミ退治のために家に火をつけるようなもの）—Harry Emerson Fosdick, *The Wages of Hate.*

D

❶ Dead men tell no tales.
死者は語らず（死人に口なし）

目撃者の抹殺をたくらむ犯罪者がよく口にすることば。17世紀ごろからのもの。国語の「死人に口なし」の方は"死ねば他人の批判のままになる"という意味にも用いますから，英語の方より用途が広いわけです。

❷ Death is the grand leveller.
死は偉大な平等主義者である（冥途の道には王もない）

死ねば貧富貴賤もなく，すべて一塊の土となる。死はすべての人間を平等にするといわれるわけです。
シェイクスピアの「シンベリン」に，
"Golden lads and girls all must, As chimney-sweepers, come to dust." (美男美女もやがてはすべて煙突掃除と同様土となる) とあります。

❸ Deeds, not words.
不言実行

行動が必要な場合に空虚なことばは無益であるという意。実行をともなわない大言壮語をいましめるときに引用されます。チョーサーの時代からさかんに用いられています。
A man of words and not of deeds, is like a garden full of weeds. (巧言不実の人間は，雑草はびこる園のごとし)

〔参照〕 Fair words butter no parsnips. (巧みなことばはアメリカボウフウに味つけず)

❹ Desperate diseases need desperate cures.
絶望的な病気には荒治療が必要

尋常の方法では回復の見込みのない病弊は非常手段が必要だという意。ラテン語のことわざに "Extremis malis extrema remedia." (For extreme evils there are extreme remedies.) というのがあります。英語ではシェイクスピアの劇にしばしば引用されています。

このことわざの "desperate" は, ①「絶望的な」と, ②「むこう見ずの」の二義に使い分けてあります。

❺ Discretion is the better part of valor.
分別は勇気の大半なり（君子危うきに近よらず）

用心こそ真の勇気のあらわれであって, 形勢不利なときは三十六計逃げるにしかずであるという意。臆病者がひきょうな行為のいいわけに利用することもあるでしょう。15世紀ごろからのもので, シェイクスピアの「ヘンリー4世」につぎの引用があります。

"The better part of valour is discretion; in the which part I have saved my life." (勇気の大半は分別。その分別のおかげで私は助かったのだ)

同じ意を表わすことわざに,

"He that fights and runs away lives to fight another day." (退却する者は生き長らえて他日戦うことができる) があります。

❻ **Do as you would be done by.**
なんじの欲するところを人に施せ

新約聖書「マタイによる福音書」「ルカによる福音書」から出たことば。同じ心は "Do unto others as you would they should do unto you." の形でも引用されます。

❼ **Do not cross the bridge before you come to it.**
渡らぬうちから橋の心配をするな（取越し苦労をするな）

むかし粗末な危険な橋を渡るには勇気と注意が必要であって，橋に着かない前から心配だったのでしょう。19世紀からのことわざ。
"Do not meet troubles halfway"（取越し苦労をするな）も同じ心を表わしています。

❽ **Do not count your chickens before they are hatched.**
ヒナがかえらぬうちに数えるな（捕らぬタヌキの皮算用）

鶏の生んだ卵が全部孵化するとはかぎらないわけですから，

希望通りに事が成るものと楽観しすぎてはならないというたとえ。わが国の「皮算用」にもっと近いことわざは,

"Catch the bear before you sell its skin."（皮を売るまえにクマを捕れ）です。

❾ Do not keep all your eggs in one basket.
卵を全部一つのかごに入れるな

金を一カ所に集めたり, 一つの事業に全部投資してはならないということ。万一のことを考えて危険の分散をはかるべきだというたとえ。

❿ Do not look a gift horse in the mouth.
贈られた馬の口の中をのぞくな（もらいものに苦情）

紀元前4世紀ローマのことわざ。英語にはいったのは16世紀。贈られた品物のよしあしを調べたり, 値段を聞いたりすべきではないというたとえ。馬の年齢は歯を見ればわかるので, 馬は買うまえにその歯を調べるわけです。

つぎの構文では"look"は他動詞であって,"look at"とはなりません。

I looked him in the face.（彼の顔をみた）

〔比較〕 I looked at his face.

⓫ Don't meet troubles halfway.
苦労を出迎えるにはおよばない（取越し苦労をするな）

"meet～halfway"は途中まで出迎えること。
同じ意味のことわざに, 次のようなものがあります。

"Do not cross the bridge till you come to it."（渡らぬうちから橋の心配をするな）

"Never trouble trouble till trouble troubles you."

シェイクスピアの「から騒ぎ」 *Much Ado about Nothing* の,

"You are come to meet trouble: the fashion of the world is to avoid cost, and you encounter it."（すすんで苦労を迎えるようなもの。当節は犠牲をさけるならいであるのに，これを迎えようとなさる）

⑫ Do not swap horses when crossing a stream.
川のなかで鞍替えするな

2頭の馬を交互に乗り替えながら旅行した時代には，川を渡る途中で馬を乗り替えると川のなかに落ちる危険があるところから，難局を切り抜けるまでは途中で指導者を替えるのは賢明ではないというたとえにつかわれます。

1864年リンカーンが演説のなかで,

"An old Dutch farmer, who remarked to a companion once that it was not best to swap horses when crossing a stream."（年老いたオランダの農夫が連れの者にいったことばですが，「川をわたるとき，途中で馬を替えるのは上策ではない」）と引用したのが始まりのようです。

⑬ Do not wear out your welcome.
長居して飽きられるな（珍客も長座にすぎれば厭(いと)わる）

人を訪問したら適当なときに切り上げて帰るがよいということ。

"Wear out" は「尽きさせる」という意。

⓴ Don't whistle until you are out of the wood.
森を出ないうちに口笛ふくな（ぬか喜びはするな）

安心のできるまでは喜んでさわぐなという意。"wood"は危険や困難の象徴。"whistle"のかわりに，"halloo"や"shout"も用いられます。19世紀ごろからのことわざ。

⓯ Dog does not eat dog.
犬は共食いせず（同類相食まず）

動物は共食いしないものだという考えは古くからありますが，人間の社会でも仲間同士が傷つけあったり，食いものにしたりすべきものではないという意。同業者の間で仲間取引といって値段がやすいのもその一例でしょう。16世紀ごろ英語にはいったもので，シェイクスピアの「トロイラスとクレシダ」に，

"One bear will not bite another, and wherefore should one bastard?"（クマでも共食いはしないのに，なぜ野郎どもが共食いをするか）と引用してあります。「クマ」や「オオカミ」が「犬」になったのは18世紀ごろのようです。

⓰ Dreams go by contraries.
夢は逆夢

夢は未来を予告するものではないという意味。17世紀ごろからのもの。

E

❶ Early to bed and early to rise makes a man healthy, wealthy and wise.
早寝早起きは健康，富裕，賢明となる道（早起きは三文の得）

16世紀ごろからのことわざ。

"Early to bed and early to rise"は単一観念で単数の扱い。"rise"と"wise"は脚韻をふんでいます。

❷ Enough is as good as a feast.
腹いっぱいはご馳走とおなじ（足るを知れ）

"すき腹に茶漬"で空腹を満たす食事は豪勢なご馳走に劣らずうまいもの。15世紀ごろからのことわざ。

もっと食べたいとせがむ子どもに，"Enough is as good as a feast."（腹八分目）といって親がたしなめることがあります。

❸ Even a worm will turn.
虫けらでも向きなおる（一寸の虫にも五分の魂。八つ子も癇癪(かんしゃく)）

虫けらでも向きなおる（一寸の虫にも五分の魂。八つ子も癇癪）

「なぶればウサギも食いつく」といわれるように，ミミズでも踏まれると向きなおって身を守ろうとします。気の弱いおとなしい人でも，勘忍の緒が切れることがあるというたとえ。

"Tread a worm and it will turn."（虫けらでも踏めば向きなおる）ともいわれます。16世紀ごろからのことわざ。

このことわざに関連して，つぎのような笑話があります。

"You can always tell the difference between a male and a female worm. The females don't signal when they turn."

（ミミズの性別はすぐわかる。ターンするとき合図しないのがメス）

"Turn"は「向きなおる」と「角を曲がる」の両意にかけてあります。女性ドライバーが町角を曲がるとき合図をしないことを皮肉ったわけです。

❹ Even Homer sometimes nods.
ホメロスも居眠りすることがある（弘法も筆の誤り）

名人にも失策があるというたとえ。ローマの叙情詩人ホレス Horace (65-8 B.C.) のことば。16世紀ごろ英語にはいりました。

❺ Even the weariest river winds somewhere safe to sea.
いかに長い川もいずれは海に流れ込む（待てば海路の日和）

苦しみも悩みも，いずれは終わるものであるというたとえ。安らかな死を讃美するスウィンバン A. C. Swinburne (1837-1909) の詩から出たことば。

これと同じ意のことわざに，

"It is a long lane that has no turning."（いかに長い道も曲り角にくる）があります。

❻ Every cloud has a silver lining.
どの雲も裏は銀色（苦は楽の種）

黒い雲の裏側は太陽の輝きで銀色に映えているはず。不幸にくじけず禍を転じて福になすべく希望をもって努力すべきだというたとえ。"lining"は「裏打ち」の意。

待ちくたびれたころに，やっと漏水処理にやって来た男に，「おかげで，子どもに泳ぎを教えてやることができましたよ」と皮肉をいう，つぎのような笑話がありますが，これに"Silver Lining"という題がつけてあります。「ものは考えよう」とでもいうところ。

The plumber-come-lately, on arriving, asked, "Well, how's the leak?"

"Not so bad," came the sarcastic reply. "While we were waiting for you, we taught our youngsters how to swim."

＊plumber-come-lately＝おそく来た鉛管工事人

❼ Every dog has his day.
犬にも得意のときがある（犬も歩けば棒にあたる）

どんなにみじめな暮しの人間でも，一生のうちにはいつか楽しいときがあるものだというたとえ。16世紀ごろ生じたもの。イギリスの言語学者ボロー George Borrow（1803-81）は，

"Youth will be served, every dog has his day, and mine has

been a fine one."（青春はたのしいもの。犬にも得意のときがあり，私の場合もすばらしい青春だった）と引用しているのが，このことわざの今日の形の最初のものです。

❽ Every Jack has his Gill.
若い男はそれぞれ女がいる（牛は牛づれ，馬は馬づれ。似たもの夫婦）

「破れなべにとじぶた」といわれるように，だれでも相応の配偶者を得てむつまじく暮らしていくものだという意。16世紀ごろからのことわざ。シェイクスピアの「真夏の夜の夢」に，"Jack shall have Jill; Nought shall go ill; The man shall have his mare again, And all shall be well."（ジャックはジルと結ばれて，みんなしあわせ。男は女とよりをもどして，みんなしあわせ）と引用されています。

❾ Every man for himself and the devil take the hindmost.
われ勝ち，われ先き。おくれたやつは鬼に食われろ

早い者勝ち，おくれた者こそ災難。自分の力になってくれるのは自分だけ。力のないものは滅んでいくという意。
"Hindmost"は hind の最上級で，「一番うしろの」の意。"For himself"は「自分の力で」。

❿ Every man has his price.
金でうごかぬ者はない（地獄の沙汰も金次第）

だれでも買収できるものだという意。この皮肉なことわざ

は，ウォルポール Sir Robert Walpole（1676–1745）の"All those men have their price."（あの連中だって金でどうにでもなる）に由来するといわれています。しかし，当時すでに古いことわざとして他の人が引用しており，事実またこの考え方は古代ギリシアのストア学派の哲学者エピクテトス Epictetos にさかのぼることができます。

（金でうごかぬ者はない　地獄の沙汰も金次第）

⓫ Every man is the architect of his own fortunes.
人はみな自己の運命の建設者なり

16世紀ごろ英語にはいった古いラテン語のことわざ。"Architect"（建築家）のほかに，"smith"（かじ屋）や"workman"（職人）などが用いられたこともあります。

⓬ Every man to his trade.
人はすべておのが業につけ（餅は餅屋）

ギリシア・ローマのことわざ。英語にはいったのは16世紀。シェイクスピアの「ヘンリー4世」に，"Now, my masters, happy man be his dole, say I : every man to his business."（さあ，みなさん，幸せを祈りますよ。みんなしっかり）と引用されています。

⓭ Everybody's business is nobody's business.
みんなの仕事は，だれの仕事でもない（連帯責任は無責任）

仕事の責任がはっきりしないと，だれかがやるだろうと考えて，だれもやらないことになるという意味。17世紀ごろからのことわざ。

⓮ Everything comes to him who waits.
待つ者はなんでもかなえられる（果報は寝て待て。待てば海路の日和）

16世紀ごろからのことわざ。イギリスの政治家で小説も書いたディズレーリ Benjamin Disraeli (1804–81) は，

"Everything comes if a man will only wait." （待ちさえすれば何でもかなえられる）と引用しています。

待つ者はなんでもかなえられる（果報は寝て待て。待てば海路の日和）

⓯ Everything must have a beginning.
なにごとも，まず始めなければならぬ

ものごとを行なうには，まず着手することが必要だということ。チョーサーのころからのことわざ。

⓰ Every why has a wherefore.
わけには，いわれが付きもの

なにごとも，それぞれ相応の事情や理由があるという意。

16世紀ごろからのことわざ。イギリスの風刺作家バトラー Samuel Butler (1612-80) につぎの引用があります。

"For every why he had a wherefore."（なにごとにも，かれは理屈をつけた）

なお，"why" と "wherefore" は同意語で，"Never mind the why and wherefore."（理由はどうでもよい）というふうにも用いられます。

⑰ Examples are better than precept.
手本は説法にまさる（論より証拠）

りっぱな忠告よりも，みずからよい手本を示す方が効果があるという意。15世紀ごろ英語にはいったギリシアのことわざ。類似のものに，

"Practice what you preach."（隗(かい)より始めよ）
"Deeds, not words."（不言実行）などがあります。
つぎのことばは，なかなか皮肉です。

"When a man gets too old to set a bad example, he starts giving good advice."（年をとって悪い手本が示せなくなると，りっぱな忠告をしはじめる）

⑱ Exchange is no robbery.
交換は強奪にあらず

16世紀ごろからのことわざ。公平な交換は強奪ではないが，不公平な交換を押しつけるのは強奪にひとしいという意。正当な交換の場合でも冗談半分に引用されることがあります。

⑲ Evil communications corrupt good manners.
悪しき交わりは善きならわしをそこなう(朱に交われば赤くなる)

悪友と交われば自然に感化されて堕落するものであるという意。新約聖書「コリントの信徒への手紙Ⅰ」から出たことば。

"Better be alone than in ill company." (悪い人と交わるよりは一人でいる方がよい)も，これと同じ心。

F

❶ Faint heart never won fair lady.
弱気で美女を得たためしなし（一押し，二金，三おとこ）

　美しい女性の愛を得るためには，まず押しの強いことが肝心という意。思いきって結婚を申込む勇気のない友人にこのことわざを引用して元気づけることがあります。16世紀ごろからのもの。類似のことわざに，
　"None but the brave deserve the fair." （勇者にあらざれば美女を得ず）があります。

❷ Fair words butter no parsnips.
巧言はアメリカボウフウに味つけず（巧言令色鮮(すくな)し仁）

　口先よりも心が大切という意。17世紀。
　"Deeds, not words." （不言実行）もこれと同じ心。
　"Butter" は「バターで味をつける」意味の動詞。

❸ Familiarity breeds contempt.
なれ過ぎると侮(あなど)りを招く（親しきなかにも礼儀あり）

　ローマ時代からのことば。近づきになって親しく接するうちに、その人の欠点なども目につき、「もしテニソンと日常親しくしていたら、おそらく私は彼の詩は読まないでしょう」ということにもなりかねません。

　"No man is a hero to his valet." （英雄も召使いにはただの人）もこれと同じ心。論語の「女子と小人は養いがたし。これを近づくれば不遜なり。これを遠ざくれば怨む」もこれに通ずるものでしょう。

❹ Fast bind, fast find.
きちんとしまえば、さっと見つかる

　整理してしまっておけば、必要なときに探しまわらなくても見つかるという意。15世紀ごろに「上手にくくれば上手にほどける」といわれていましたが、16世紀ごろ上記の形になったようです。シェイクスピアは「ベニスの商人」のなかで、つぎのように引用しています。

　"Fast bind, fast find; A proverb never stale in thrifty mind." （締まりよければ、たまりよし。しまり屋にはいまでも新鮮なことわざだ）

　初めの "fast" は「しっかり」、あとの "fast" は「はやく」の意。このような地口(じぐち)の利用は、わが国でも「ひとり娘と春の日はくれそうでくれぬ」の「暮れる」と「呉れる」のかけことばがあります。

❺ Fine feathers make fine birds.
美しい羽は美しい鳥をつくる（馬子にも衣裳。わら人形も衣裳から）

　もとは、「りっぱな衣服や服飾は人をひきたたせて見せる」という意味で用いられましたが、現今では、「美服はいやしい品性や愚かさをかくす」という皮肉な意味になっています。しかし衣服を整えると、なんとなく自信ができて人品が変わったようになるのも人情でしょう。

❻ First catch your hare.
まずウサギを捕えよ

　ウサギを捕えてこなければ料理はできないわけですから、なにごとでも計画を実行するにあたっては、まず難関を打開することが先決だという場合に引用されます。19世紀ごろから。

❼ First impressions are most lasting.
初めの印象がもっとも長くつづく（先入主となる。初めが大事）

　第一印象というものは、いつまでも消えないもので、たとえ間違っていたとわかっても、これを打ち消すことはむずかしい。つまりなにごとも初めが肝心だという意味です。
　"First impressions are half the battle."（第一印象で勝負はきまったようなもの）ともいいます。

❽ Fling dirt enough and some will stick.
さかんに泥を投げつければ多少はくっつく

"へたな鉄砲も数うてばあたる"で，根も葉もない中傷誹謗もさかんにやれば，ある程度目的を果たしうる場合があるというたとえ。ラテン語のことわざから出たもので，英語には17世紀ごろはいったようです。

❾ Fools rush in where angels fear to tread.
馬鹿者は天使の恐れるところへ突進する（馬鹿者こわい物知らず）

軽率な言動をいましめることば。

❿ Four eyes see more than two.
四つの目は二つよりよく見える（三人寄れば文殊の知恵）

16世紀ごろ英語にはいったラテン語のことわざ，"Plus vident oculi quam oculus."（Eyes see more than one eye.）。ベーコンは，"Two eyes are better than one." と引用しています。

⓫ Forbidden fruit is sweet.
禁断の実はうまい（盗み食いのうまさ）

"禁断の木の実"の誘惑にはエデンの園のアダムも勝てなかったそうですが，果実にかぎらず，すべて禁じられたものはかえって強い誘惑を感ずるものです。17世紀ごろからのもの。

"Stolen waters are sweet."（盗んだ水はうまい）もこれと同じ心。

パリのレストランではサービス料が会計伝票に加算されることをうっかり忘れて，テーブルの上にチップを置いた観光客のアメリカ婦人。ああ，そうだった，と拾いあげようとしたときに，あいにく給仕がやって来ました。

　客　「チップは禁じられているんでしたわね」（"I understand that tipping is forbidden here."）

　給仕　「さようでございます。それに，エデンの園のリンゴも禁じられておりました」（"Madame is quite right. And so were apples in the Garden of Eden."）

⓬ Forewarned is forearmed.
警戒は警備なり（ころばぬ先の杖）

16世紀ごろからのことわざ。

⓭ Fortune knocks once at everyone's door.
幸運はだれの門も一度はたたく（得手に帆をあげよ）

幸運はだれにも一度は訪れるものであるから，これを逃さずとらえるべきだという意。16世紀ごろからのもの。

G

❶ Gather ye rosebuds while ye may.
できる間に快楽を求めておけ

若いうちに青春の幸福を味わっておくがよいという意。イギリスの詩人ヘリック Robert Herrick（1591-1674）の詩に由来することば。

"ye" は "you" の主格の古形。命令文の主語を表出するときは動詞のあとに置くのが習慣でした。上記のことわざは，つぎのように引用されることもあります。

"Gather roses while you may."

"Gather roses"（バラをつみとる）は人生の快楽を求める意。

❷ Give a dog a bad name and hang him.
犬に悪名をつけるのは，これを絞殺するにひとしい

一度かみ犬だとか狂犬だとかいわれた犬は，いくら事実無根の場合でも人にきらわれるものです。人間の場合も同様で，いったん悪評をたてられると，無実の汚名はなかなかすすぐことがむずかしくて，何かというとすぐあいつだろうということになります。つまり，人の悪口はつつしむべきものだというたとえ。このことわざは18世紀ごろは，同僚に罪をきせて失脚させる腹の黒い人間を指して引用されました。

❸ Give a thief enough rope and he will hang himself.
泥棒に長い綱をやれば首をくくる（おのが刀でおのが首）

悪徒は放っておくと，われとわが身を滅ぼすという意。"Enough rope"とは，犬でも馬でも舟でも，これをつなぐ綱が長ければ行動範囲が大きくなるように，人間も自滅をまねくほどの悪業を重ねるからでしょう。17世紀ごろからのことわざ。

❹ Give him an inch and he will take a yard.
寸をあたえれば尺を望む

　好意をしめすと，すぐつけ上がるずうずうしい人間に注意せよという意。

❺ God helps them who help themselves.
神はみずから助くる者を助く（わが身が頼り）

　神の加護を願うなら，まずみずからベストをつくさねばならないという意。16世紀ごろ英語にはいったローマのことわざ。現今の形は18世紀フランクリンの引用によるもの。
　わが国の「苦しいときの神頼み」もこれに通ずるものでしょう。

❻ God made the country and man made the town.
神は田園をつくり，人間は都会をつくる

　自然の景観は美しいが，人間のつくる都市は醜悪なものが多いという意。ローマのバロ　Varro (116-27 B.C.) のことば

に由来するもの。

しかし,アメリカの詩人ロングフェロー Henry W. Longfellow (1807-82) はつぎのように,自然と人工の調和美をたたえています。

The country is lyric, — the town dramatic. When mingled they make the most perfect musical drama. (田園は叙情詩であり,都会は演劇である。両者が調和するときこそ完璧の歌劇となる)

❼ God's mill grinds slow but sure.
神のうすはゆるやかに回れどあますことなし(天網恢々疎にして漏らさず)

悪事は早かれおそかれ,かならず天罰があるというたとえ。古代ギリシアのことわざ。ロングフェローにつぎの引用があります。

"Though the mills of God grind slowly, yet they grind exceeding small; Though with patience He stands waiting, with exactness grinds He all." (神のうすはゆるやかに回れど,いと小さくすり砕き,神は気長に待つといえど,秋霜烈日あますことなし)

❽ God tempers the wind to the shorn lamb.
毛を刈った羊には神も風をやわらげる(天道人を殺さず)

神は不幸な人間に対して慈悲深いというたとえ。羊はまだ肌寒い春さきに毛を刈りとられるので,神様がこれをあわれに思し召して,やがて暖かい風を吹き送ってくださるという意味です。16世紀フランス起源のもので,17世紀に英語には

いったようです。

ある日のこと,寒風吹きすさぶボストンの街角でバスを待っていた男が,

"The city fathers should tether a shorn lamb here."(市のほうで,刈りたての羊を一匹ここへ繋いでおいてくれるといいんだがな)といった言葉には,本項のことわざがユーモラスに織り込まれています。

❾ Good wine needs no bush.
良酒に看板不要

優良商品に宣伝や広告はいらないという意味。16世紀ごろからのもの。むかし酒屋の看板はツタ（bush）の束でしたが,良い酒を売る店は,すぐ世間の評判になるのでツタの看板はいらないといえます。

シェイクスピアの「お気に召すまま」に,

"If it be true that good wine needs no bush, 'tis true that a good play needs no epilogue."(良酒に看板不要が本当なら,うまい芝居に納めの口上不要も本当だ)とあります。

❿ Grasp all, lose all.
すべてをつかめば，すべてを失う（大欲は無欲に似たり）

　欲張り過ぎると，元も子も失ってしまうという意。18世紀に定着したことわざ。骨をくわえた犬が，川の水面に映った自分の姿を見て，その水面に映った骨をもう一つ手に入れようと欲張って吠えたために，口にくわえていた骨を失うイソップ物語の犬がその良い例です。

　"Catch not at the shadow and lose the substance."（影をとらえて本体を失うな）

H

❶ Habit is second nature.
習慣は第二の天性（習い性となる）

❷ Half a loaf is better than no bread.
半分でもパンのないよりはまし（もらうものなら夏でも小袖）

現在手にはいるもので我慢せよといういましめ。15世紀ごろからのことわざ。"A little is better then none."（わずかでも，ないよりはまし）もこれと同じ。

❸ Handsome is that handsome does.
りっぱな行ないの人こそ美しい（みめより心）

容貌の美しさよりも，りっぱな行ないの方が大切であるという意味。"Handsome" という語の持つ「みめうるわしい」と「りっぱに」の二義をかけたところに，このことわざの面白味があります。16世紀ごろからのもの。"that" は "as" や "who" となることもあります。

類似の内容は，"Beauty is but skin deep."（美貌も皮ひとえ）にも表現されています。

❹ Happy is the country that has no history.
歴史のない国はしあわせである

歴史というものが人間の悲劇や罪悪の記録であるならば、そのような歴史のない平和な国は幸福であるという意。ここでいう "history" は "history book"（史書）のことです。イギリスの歴史家カーライル Thomas Carlyle (1795-1881) がモンテスキューのことばをつぎのように引用しています。

"Happy the people whose annals are black in history."（歴史の記録が空白の国民は幸福である）

特記すべきほどの事件がなければしあわせであるという考えは、"No news is good news."（便りのないのはよい便り）にも見られます。

❺ Hard words break no bones.
きつい言葉だけなら怪我はない（げすは槌で使え）

いくらむごい言葉で罵倒されても、ぶたれないかぎり体にはこたえないという意。

❻ He gives twice who gives quickly.
すみやかにあたうる者は二度あたうるに等し

救助の手をさしのべることが早ければ効果は二倍になるという意。

❼ He is the best general who makes the fewest mistakes.
あやまちのもっとも少ないものが最上の将である

人間はみなあやまちをおかすものであるが，その過誤の少ないものが賢者であるという意。ナポレオンの言葉だといわれています。

〔参照〕 "The man who makes no mistakes does not usually make anything."（あやまちをしない者は，たいてい何もできない）

❽ He laughs best who laughs last.
最後に笑う者が笑いの最上（初めの勝ちはくそ勝ち）

気早に喜んではいけないといういましめ。16世紀ごろからのことわざ。最後の勝利で見返してやればよいと，失敗した人を力づけるときなどに引用されます。

これをもじって，つぎのようなことわざができます。
"He who laughs lasts long."（笑う者は長生きする）
＊last＝持ちこたえる

❾ He should have a long spoon who sups with the devil.
悪魔と食事するものは長いスプーンを使え

悪がしこい人間に接するときは用心しないと危険だというたとえ。チョーサーやシェイクスピアに引用されて人の口に膾炙(かいしゃ)していることわざ。

悪魔と食事するものは長いスプーンを使え

⑩ He who excuses himself accuses himself.
いいわけをする者は，みずから罪を問う者なり（語るに落ちる）

ラテン語聖書を完成した聖ヒエロニムス St. Jerome (340 ? – 420) のことばから出たもの。英語にはいったのは17世紀ごろ。

⑪ He who fights and runs away may live to fight another day.
戦い利あらずして逃ぐるものは，生きながらえて再び戦う日あらん（三十六計逃げるにしかず）

戦い利あらずして逃ぐるものは、生きながらえて再び戦う日あらん（三十六計逃げるにしかず）

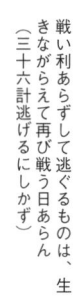

カイロネイアの戦い (338 B.C.) に敗れて逃げたアテネ軍のデモステネスがこのことばを引用したといわれています。英語では13世紀ごろからさかんに引用されていることわざです。なお，"away" と "day" が脚韻をふんでいることにご注意ください。

⓬ He who makes no mistakes makes nothing.
あやまちをしない者は，なにもできない（寝ていて転んだためしなし。沈香（じん）も焚かず屁もひらず）

E. J. Phelps (1822-1900) が，1899年にロンドン市長官邸で行なった演説のなかで，

"The man who makes no mistakes does not usually make anything."（誤ちのできないような人間は，たいていなにもできない人です）といったのが始まりのようです。

⓭ He who touches pitch will be defiled.
瀝青（れきせい）にさわると手がよごれる（朱に交われば赤くなる）

旧約聖書経外典から出たことば。炭屋の男は黒くなる道理で，人は交わる友によって善悪いずれにも感化されるということのたとえ。"Pitch" はコールタール・原油などを蒸留したあとに残る「ピッチ」。まっくらやみのことを "pitch darkness" といいます。

⓮ Hitch your wagon to a star.
星に車をつなげ（大望をいだけ）

高遠な理想をいだいて行動せよといういましめ。アメリカ

の哲学者エマソン Ralph Waldo Emerson (1803-82) の「文明論」から出たことば。

⑮ Honesty is the best policy.
正直は最良の策（正直の頭（こうべ）に神宿る）

16世紀ごろからのことわざ。正直者は信用を得て何事にも成功するというわけですが，これと反対の意味を表わすことわざに，

"The honester man the worse luck."（正直者がバカをみる）というのがあります。

⑯ Hope springs eternal.
希望の泉は枯れず（七転び八起き）

イギリスの大詩人ポープ Alexander Pope (1688-1744) の"An Essay on Man"の第一行から出たことば。人間はいくたの失意にもめげず，いかなる困難にあっても希望を捨てないで立ち上がるという意味。ポープの詩は，つぎのようにはじまっています。

Hope springs eternal in the human breast; Man never is, but always to be, blessed.（人の胸に希望の泉は枯れず。幸薄くともとこしえに幸わせもとむ）

⑰ Hunger is the best sauce.
空腹は最良のソースである

どんな貧しい食べものでも，おなかのすいている時にはおいしく感じられるもの。空腹にはまずいものがないという意。

I

❶ If the blind lead the blind, both shall fall into the ditch.
盲人(めしい)もし盲人を手引きせば，二人とも穴に落ちん

　無知なもの同士が事をなせば危険きわまりないというたとえ。新約聖書「マタイによる福音書」から出たことばですが，現在では身障者差別ともとられかねないことわざでしょう。

❷ If the mountain will not come to Mahomet, Mahomet must go to the mountain.
山がマホメットのもとに来なければ，マホメットが山に行かねばならぬ（棚からぼた餅は落ちてこない）

　望み通りに成功しないときは，誇りを捨てみずから努力して目的を達成しなければならないという意味ですが，このことわざはまた，こちらの思い通りに人がやってくれないときは，自分でやらねばならないという卑近な意味にも引用されます。
　このことわざの由来については，つぎのようにいわれています。
　「マホメットは，山を呼びよせて山頂から祈りをささげると称し，何度も呼んだが来ないとみるや，すこしもさわがず，

"If the hill will not come to Mahomet, Mahomet will go to the hill." と言った」

❸ If you sing before breakfast, you'll cry before night.
朝食前にうたうと，夜にならぬうちに泣く目にあう（楽は苦の種）

若いうちに刻苦勉励せよといういましめ。16世紀ごろからのことわざ。
"Laugh before breakfast, you'll cry before supper."（朝に笑うものは夕べに泣く）ともいわれます。

❹ If you want a thing well done, do it yourself.
りっぱにやりたければ自分でやれ（人使うより胴使え）

他人まかせはいけないということ。16世紀ごろからのことわざですが，ロングフェローの引用したものが現今の形の最初のものです。

❺ Ill gotten goods never prosper.
悪利の栄えることなし（悪銭身につかず）

不正な方法で得た財貨は，たちまちなくなるということ。古代ギリシアの詩人ヘシオドスは「不正の利得は損失なり」といっています。英語には16世紀ごろにはいりました。

❻ Ill news travels fast.
悪事千里を走る

善いことは世の中に知られにくいが、悪いことはすぐに広まるという意。17世紀ごろからのことわざ。ミルトン John Milton (1608-74) は "Evil news rides post, while good news baits."(好事門を出でず。悪事千里を行く)といっています。

＊ride post＝早馬で行く, bait＝途中で食事などで休憩する。"News" は単数扱い。

❼ Ill weeds grow apace.
雑草ははびこりやすい（憎まれっ子世にはばかる。悪の易きこと火の原を焼くがごとし）

文字通りの意味にも用いられるほか、悪の種はひろがりやすいというたとえとして引用されます。15世紀ごろからのもの。シェイクスピアの「リチャード3世」に、

"Sweet flowers are slow and weeds make haste."(香り高き花はおそく、雑草ははやし)とあります。

❽ In for a penny, in for a pound.
やりかけたことは，やり通せ（乗りかかった舟。毒を食らわば皿まで）

やり始めたことは、たとえ予想以上の費用がか

（やりかけたことは、やり通せ（乗りかかった舟。毒を食らわば皿まで）

かることになっても中止しないで終りまでやり通さねばならないということ。17世紀ごろからのことわざ。

❾ It is a foolish bird that defiles its own nest.
巣をよごす鳥は愚かなり（立つ鳥あとを濁さず）

自分の家族や自分の国を悪しざまにいうのは，自分の巣のなかに糞をする鳥に似て愚かであるというたとえ。13世紀ごろからのことわざ。"It is a foul bird that fouls its own nest." という形もあります。この場合 "foul" は形容詞「不潔な」と動詞「不潔にする」の二様に使い分けています。

❿ It is a long lane that has no turning.
曲り目のない道はない（待てば海路の日和）

悪路もやがては終わって平坦な道に出る。不幸や困難はいつまでも続くものではないというたとえ。17世紀ごろからのもの。

⓫ It is a poor heart that never rejoices.
貧しい心でも，うれしいことはあるもの

どんなに不幸な人でも，一生の間にはたのしいこともあるもので，人間はみなそれぞれに人生によろこびを見いだすよう努力すべきだという意。19世紀。

⓬ It's an ill wind that blows nobody good.
何びとにも利するところなき風は悪風なり（風が吹けば桶屋がもうかる）

不幸も幸いとなることがあるというたとえ。16世紀ごろからのことわざ。

⓬ It is better to be safe than sorry.
ひどい目より控え目（安全第一）

危険をおかして後悔するよりも安全な道をとる方がよいという意。20世紀の初めごろ"Safety First"（安全第一）のスローガンから生まれたことわざだといわれています。S音の頭韻に注意。

⓭ It is better to travel hopefully than to arrive.
到達するよりも希望をもって旅している方がたのしい（待つ間が花。祭りより前の日）

イギリスの小説家スティブンソン R. L. Stevenson（1850–94）の随筆集「青年に与うる書」*Virginibus Puerisque*から出たもの。同書には，

"To travel hopefully is a better thing than to arrive, and the true success is to labor."（期待をもって旅している間の方が到達したときよりも楽しいものです。本当の成功は努力のなかにあります）となっています。

⓮ It is better to wear out than to rust out.
尽き果てるは，さび果てるにまさる（宝の持ち腐れ）

無為徒食の一生を送るよりも精根つきるまで働き続ける方がよいということ。
"Wear out"は，はげしい使用のために機械などが磨損す

尽き果てるは、さび果てるにまさる
（宝の持ち腐れ）

ること。"Rust out"は、使わないためにさびついて使いものにならなくなること。18世紀ごろからのもの。

⓰ It is dogged that does it.
がんばりは難事を克服する

19世紀ごろからのことわざ。根気よくやれば万事成功するという意。

"Dogged"は、もともと「犬のような」の意でしたが、やがて「気むずかしい」の意味になり、ついに現今の「頑固な」という意味に用いられるにいたりました。このことわざでは、"dogged"は"perseverance"（根気、がんばり）の意の名詞だと考えればよろしい。"Dogged"の発音は [dɔ́gid]。

⓱ It is easy to be wise after the event.
事後で賢いは易い（下種の知恵は後につく）

事が起きたあとで、いろいろ批判することは容易なことであり、また後の祭りであって、あまり役には立たないという

意。16世紀ごろからのもの。

"It is easy to prophesy after the event."（事後の予言は易い）もこれと同じ。

⑱ It is magnificent, but it is not war.
勇壮なれども戦いにあらず（好漢惜しむらくは兵法を知らず）

そのときの実状や目的に合わない行動はどんなにりっぱな行動でも，なんの役にも立たないという意。もともと，このことばはクリミア戦役の勇ましい竜騎兵の突撃を評したフランス人ブスケ Maréchal Bosquet (1810–61) のことば，"C'est magnifique, mais ce n'est pas la guerre." の英訳。敵の砲火に向かって隊伍堂々と突進した竜騎兵の勇敢悲壮な行動は，愛国の至情の発露でしょうが，まるで「とんで火に入る夏の虫」の暴挙であったわけです。

⑲ It is more blessed to give than to receive.
あたうるは受くるよりも幸いなり

新約聖書「使徒言行録」から出たことば。
"Blessed"（幸福な）の発音は [blésid]。

⑳ It is never too late to mend.
直すに遅すぎることなし（あやまちて改むるにはばかるなかれ）

どんなにぼろぼろの服でもクツでも，まだまだ修繕して使用できる。いくら年をとっていても悪習を改めることができ

るというたとえ。

㉑ It is no use crying over spilt milk.
ミルクをこぼして泣いてもはじまらぬ（覆水盆にかえらず。割れた茶碗をついでみる）

とり返しのつかないことを，いまさらくよくよしても無益であって，むしろ二度と同じあやまちを繰り返さないように注意する方が賢明だというたとえ。17世紀には"No weeping for shed milk."（ミルクをこぼして泣くな）の形で現われています。

㉒ It is the first step that is troublesome.
むずかしいのは第一歩

新しく事を成すにあたって一番むずかしいのは最初だけで，あとは容易になるという意。
"The distance doesn't matter; it is only the first step that is difficult"（距離は問題ではない。むずかしいのは第一歩だけ） ── Marquise de Deffand（1697-1780）から出たものでしょう。

㉓ It is too late to shut the stable door when the horse is stolen.
馬が盗まれてから馬屋を閉めても遅すぎる（盗人を捕えてなわをなう。あとの祭り）

災いが起きてから用心しても，死んでから医者を呼ぶようなもので，手遅れであるというたとえ。16世紀ごろからのことわざ。

馬が盗まれてから馬屋を閉めても遅すぎる〈盗人を捕えてなわをなう。あとの祭り〉

㉔ It never rains but it pours.
降ればどしゃ降り（弱り目にたたり目。泣き面にハチ）

悪いことは重なるものであるという意。18世紀ごろからのことわざ。

"Misfortunes never come singly."（災難はひとりではやって来ない）もこれと同じ心。

＊but＝unless「〜しないなら」

㉕ It takes all sorts to make a world.
さまざまの人間がいてこそこの世の中（鈍智貧福下戸上戸）

さまざまの人間がいてこそこの世の中〈鈍智貧福下戸上戸〉

人間の奇行奇癖に関連して引用されることわざ。17世紀ごろからのもの。

㉖ It takes two to make a quarrel.
けんかはひとりではできない（孤掌鳴らしがたし）

いくら腹をたてて人をののしったり，腕をふりあげてみてもひとりではどうしようもない。18世紀ごろからのことわざ。

J

❶ Jack of all trades and master of none.
諸事に手を下す者は何事にも熟達しない（多芸は無芸）

あまり多くのもの事をする人は，それぞれやることみな浅く，一つのものに秀でることがないため，結局無芸にひとしいという意。

❷ Judge not, that ye be not judged.
なんじら人を裁くな，裁かれざらんためなり

新約聖書「マタイによる福音書」の山上の垂訓から出たことば。"ye"は複数主格"you"の古形。
人を批判したり裁いたりすれば，やがて自分も裁かれることになるから，けっして人を裁いてはならないという意。

❸ Judge not a book by its cover.
表紙で書物を判断するな（人は見かけによらぬもの）

いかに表紙の美しい書物でも，内容が俗悪でつまらないものがあるから，よく読んでからでないと良否はわからないもの。人でも物でも外見だけで判断してしまってはいけないという諫め。
All is not gold that glitters.（光るものかならずしも黄金ならず）も同じ心。

K

❶ Kind hearts are more than coronets.
やさしい心は宝冠にまさる

テニソンの詩 "Lady Clara Vere de Vere" から出たことば。
Kind hearts are more than coronets,
And simple faith than Norman blood.
(やさしい心は宝冠にまさり，純心はノルマンの血統より貴し)

❷ Know thyself.
なんじを知れ

紀元前7世紀ギリシアの哲学者タレス Thalesのことばであるともいわれ，また神託であるともいわれています。ギリシアの古都デルファイの神殿にかかげられていることばで，英語にはいったのは16世紀ごろ。
  ＊thyself（古）＝yourself

❸ Knowledge is power.
知識は力なり（知恵は万代の宝）

旧約聖書「箴言」"A wise man is strong; yea, a man of knowledge increases strength."（知恵ある者は強く，知識ある人は力を増す）に由来することば。ベーコンは，"Knowledge and human power are synonymous."（知識と人力は同義なり）ともいっています。

イギリスの小説家オーウェル George Orwell (1903-50) の未来空想小説「1984年」の全体主義国家では，"Ignorance is force."（無知は力なり）が標語になっているのは興味深いことです。

L

❶ Laugh, and the world laughs with you; Weep, and you weep alone.
笑えば人も笑い,泣けばひとり泣く(笑うかどには福来たる)

あかるく朗らかな人は好かれるが,めそめそする人は同情もされないという意。アメリカの女流詩人ウィルコックス Ella Wheeler Wilcox (1855-1919) の詩から出たことばですが,新約聖書「ローマの信徒への手紙」はこれほど皮肉ではなくて,"Rejoice with them that do rejoice and weep with them that weep."(喜ぶ者とともに喜び,泣く者とともに泣け)とあります。

❷ Least said, soonest mended.
言葉少なければ,たたり少なし(いわぬが花。口は禍の門)

口数は少ないほど禍をまねくことが少ないという意。けんかの仲直りは口論を打ち切るのが最上の策だという解釈もあります。15世紀ごろからのことわざ。

❸ Leave well alone.
よいものはそのままにしておけ

余計なおせっかいをするなといういましめ。せっかく調子よく動いている機械をいじって故障を起こすのは愚の骨頂というもの。14世紀チョーサーのころからのことわざ。

"Let sleeping dogs lie."（眠っている犬は寝かせておけ）と同じ心。

❹ Lend your money and lose your friend.
金を貸せば友を失う

友を失う原因は，もちろん金を貸したことではなく，返済の催促をすることからでしょう。
シェイクスピアの「ハムレット」に，
"Neither a borrower nor lender be, For loan oft loses both itself and friend."（金は借りるな，また貸すな。貸借は金と友を失うことが多いから）とあります。
現今ではつぎのようにやや冗長な形で引用されることもあります。
"If you lend a friend money you will lose either the money or the friend."（友人に金を貸すと，金を失うか友を失う）

❺ Let bygones be bygones.
すんだことはすんだこと（既往はとがめず）

人のあやまちは，これを許して忘れるがよいという意味。16世紀の書物に"Let all things past pass."という形で記録されていますが，17世紀には現今の形になっています。ポープ Alexander Pope（1688-1744）の"To err is human, to forgive divine."（あやまつは人の常，許すは神の心）ということばも，これと同じ心でしょう。

❻ Let sleeping dogs lie.
眠っている犬は寝かせておけ（さわらぬ神にたたりなし。やぶをつついてヘビを出すな）

余計なおせっかいをして，かえってわざわいを受けることをいましめることば。

チョーサーの作品に "Let sleep that which is still."（眠っているものは眠らせておけ）とか，"It is not good to wake a sleeping hound." などが用いられています。

これと類似のことわざに，"Leave well alone."（よいことは，そのまま放っておけ）もあります。

❼ Liberty is not licence.
自由は放縦にあらず

ミルトン John Milton（1608-74）の詩に，

Licence they mean when they cry liberty.（かれらのさけぶ自由は放縦である）ということばが見えます。ミルトンはまたつぎのようにもいっています。

None can love freedom heartily, but good men; the rest love not freedom, but licence.（心より自由を愛しうるものは君子の

み。他は自由を愛さず放縦を愛す)

❽ Life is not all beer and skittles.
人生は楽しみばかりではない (楽あれば苦あり)

"Skittle"はボウリングの遊戯のことで，"all beer and skittles"とは，「飲んだり遊んだり面白おかしいことばかり」という意味です。ディケンズ Charles Dickens (1812–1870) の *Pickwick Papers* には，"It's a regular holiday — all porter and skittles."(定休日も同然，飲めや歌え)とあります。"Porter"は「黒ビール」。

❾ Life is sweet.
人生は楽し

イギリスの詩人コールリッジ S. T. Coleridge (1772–1834) は "Life is thorny."(人生はいばらの道)といっていますが，どんなに苦しくても人生はやはり楽しいもの。17世紀ごろからのことわざ。「翻訳はせいぜいこだまである」といったイギリスの言語学者ボロー George Borrow (1803–81) は，つぎのように人生を謳歌しています。

There's night and day, brother, both sweet things; sun, moon, and stars, brother, all sweet things; there's likewise a wind on the heath. Life is very sweet, brother; who would wish to die? (夜と昼はともに楽しいもの。日月星晨すべて楽しく，荒野の風も楽しい。まことに人生は楽しい。だれが死を望むだろう)

❿ Light come, light go.
得やすければ失いやすし(悪銭身につかず)

労せずして得たものは、たちまち失うものだという意。14世紀ごろからのことわざ。

"Light"のかわりに"easy"や"quickly"が使われることもあります。

⓫ Like father, like son.
この父にしてこの子あり(親に似たカエルの子)

"Like"はともに形容詞で「似ている」という意。親子は争えないものですが、とくに男の子は父親に似るものだということ。ローマ時代からのことばで、15世紀ごろ英語にはいりました。古くは"Like father like son; like mother like daughter."ともいわれましたが、後半の母と娘の方はその後すたれたようです。旧約聖書「エゼキエル書」には、"As is the mother, so is her daughter."と出ています。

⓬ Like to like.
類は友を呼ぶ（類をもって集まる）

似た者は求めあって集まるものという意味。古代ローマのことわざで，キケロも引用しています。英語では14世紀ごろから用いられました。つぎのようにいわれることもあります。

Like will to like.　あるいは,

Like draws to like the whole world over.

いずれの場合も"like"は「似たもの」という意味の名詞。"Birds of a feather flock together."（おなじ羽の鳥はともに集まる）と同じ心。

⓭ Little pitchers have great ears.
小さい水差しに大きい耳（子どもは耳が早い）

子どもは耳ざとくて，聞いていないようでも案外話の内容をよく理解するものですから，子どもの前でうかつなことは言えないというたとえ。子どもに聞かれては困るようなことを言いかけた人に警告するときなどによく引用されます。16世紀ごろからのことわざ。

耳の形をした取手のついている「水差し」は，現今では"pitcher"といわずに"jug"と呼んでいます。"great"は"big"や"long"あるいは"wide"ともなります。

類似のことわざに"Walls have ears."（壁に耳あり）があります。

⓮ Live and let live.
おのれも生き，人も生かせ（世の中は持ちつ持たれつ。共存共栄）

17世紀ごろからのことわざですが，これはオランダ語の"Leuen ende laeten leuen."の英訳であるともいわれています。

⓯ Look before you leap.
とぶ前に気をつけて見よ（ころばぬ先の杖。念には念を入れよ）

事を行なう前に慎重に考えて周到な準備をしておかないと，思わざる困難や危険におちいることがあるといういましめ。16世紀ごろからのもの。このことわざの後半は，"...for snakes among the bright flowers creep."（美しい花のなかにヘビがひそんでいるから）と続きます。

⓰ Look to the end.
終りに注意せよ（終りが大事）

結果がどうなるかを考えてみることが大切だということ。ラテン語のことわざから14世紀ごろ英語にはいったもの。

⓱ Lookers-on see most of the game.
傍観者よく勝敗を知る（岡目八目）

当事者よりも，冷静な第三者の方が正しい判断をするというたとえ。競技や勝負よりも比喩的に広く人間関係一般につ

いて引用されます。16世紀ごろからのことわざ。

⑱ Love is blind.
恋は盲目（恋は思案のほか）

恋をする者は正しいものの見方ができなくなって，"惚れた欲目にはアバタも笑くぼ"に見えるという意味。ローマ神話の少年の姿をして弓矢をもつ恋愛の神キューピッドが目かくしされているのは，まさに"Love is blind"を象徴しているわけです。このことわざはチョーサーやシェイクスピアに引用されています。たとえば「ロミオとジュリエット」には，

"If love be blind, it best agrees with night."（恋が盲目なら，夜こそ恋には似合うはず）

「ベニスの商人」には，

"But love is blind, and lovers cannot see the pretty follies that themselves commit."（恋は盲目だから，恋をする者は愚かしいことをしてもご自身には見えないのだ）

⑲ Love little and love long.
細く長く愛せよ

長続きしない激しい情熱に対するいましめ。16世紀ごろからのもの。シェイクスピアの「ロミオとジュリエット」につぎのように引用されています。

"Therefore love moderately; long love doth so."（だから恋も程々に。程よい恋は長くつづきます）

＊doth（古）＝does

⑳ Love me, love my dog.
私を好きなら私の犬も（坊主憎くけりゃ袈裟まで憎い）

　イギリス人は一般に犬が好きだから，犬を可愛がってやると喜ぶところから，このことわざが生まれたのでしょう。相手を喜ばすには，まずその人の持ち物を賞めたり，その人の趣味などについて話をするのがよいというたとえ。15世紀ごろからのことわざ。日本の「坊主憎くけりゃ袈裟まで憎い」というものと同じものには，中国の「尚書」に「其ノ人ヲ憎ム者ハ其ノ儲胥(ちょしょ)ヲ憎ム」，つまり憎しみが激しいと，その人の召使いにまで及ぶとあります。また，He who hates Peter harms his dog.（ピーターを憎む者は，その犬までいじめる）も同じです。

M

❶ Make haste slowly.
ゆっくり急げ（急がば回れ）

　せいては事を仕損じるから必要以上に急いではならぬといういましめ。古代ギリシア・ローマのころからのことわざ（ラテン語 "Festina lente."）で，矛盾語法で有名。"Cruel kindness" や "うれしい悲鳴" なども矛盾語法の好例です。現今の英語の形はアメリカの政治家・科学者フランクリン Benjamin Franklin（1706-90）に由来します。

❷ Make hay while the sun shines.
日の照っている間に草を乾かせ（好機逸すべからず）

　16世紀ごろからのもので，これは天気の変わりやすいイギリスの風土に生まれたイギリス的なことわざなのでしょうが，今日ではもはや陳腐な比喩になってしまっているようです。
　チャンスをつかめという意味では，"Strike while the iron is hot."（鉄は熱いうちに打て）もこれと同じです。

❸ Man proposes ; God disposes.
計画は人にあり，成敗は天にあり

　人間は神の前には無力であるという意。旧約聖書「箴言」に，
　"A man's heart devises his way: but the Lord directs his steps."（人は心におのれの途を考えはかる。されどそのあゆみを

導くものは主なり)とあります。英語には15世紀にはいりました。

❹ Manners make the man.
徳は人なり（氏より育ち）

14世紀に，ロンドン大学のニュー・カレッジとウィンチェスター・カレッジの標語として有名になったことば。"Manners"は「道徳」の意味でしたが，現今では礼儀作法の意味となり，人間はその人格よりも礼儀作法で判断されるという意味で引用されます。

❺ Many a flower is born to blush unseen.
人目につかず咲く花多し

せっかくの美貌や才能を世間に認められないままに終わる人が多いということ。イギリスの詩人グレー Thomas Gray (1716-71) の "An Elegy Written in a Country Churchyard" から出たことば。このあとに，"And waste its sweetness on the desert air."（あたら芳香を荒野の風に捨つ）とつづきます。

"Blush"は，乙女のほおの紅潮をしのばせるような花の風情をたくみに表現する動詞。

❻ Many a little makes a mickle.
少量もたまれば大量となる（ちりも積もれば山となる）

16世紀ごろからの貯蓄奨励のことわざ。"Mickle"（多量）はこのことわざ以外では用いられなくなった古語です。

"many", "makes", "mickle" の三語が m 音の頭韻をふんでいます。m 音の頭韻で有名なことわざには, "Money makes the mare to go."（地獄の沙汰も金次第）もあります。

❼ Many a true word is spoken in jest.
冗談のうちに真実の語られること多し

チョーサーのころからのもの。イギリスの劇作家バーナード・ショー Bernard Shaw (1856–1950) は, "My way of joking is to tell the truth. It is the funniest joke in the world." (私の冗談は真実を語ること。これほどおもしろい冗談はない) といっています。いかにもショーらしい皮肉です。

❽ Many hands make light work.
手が多ければ仕事が楽

手が多ければ仕事が楽

大勢で分担してやれば仕事が楽になるし, 三人寄れば文殊の知恵ということもあります。14世紀ごろからのことわざです。"Light" は "quick" や "slight" となることもあります。

類似のことわざに, "Two heads are better than one."（2人の知恵は1人にまさる）があります。また反対の意味を表わす

ものに"Too many cooks spoil the broth."(コックが多いとスープがまずくなる)があります。

❾ March winds and April showers bring forth May flowers.
三月の風と四月の雨で五月の花が咲く(苦あれば楽あり)

15世紀ごろからのことわざ。三月の寒い風といやな四月の大雨のあと,五月にはいって美しい花が咲き乱れる。主語の"March winds"は19世紀につけ加えられたようです。

❿ Marriages are made in heaven.
夫婦は神によって結ばれる(出雲の神の縁結び。縁は異なもの味なもの)

だれとだれが結婚するかは神様がお決めになるという意味。16世紀ごろからのもの。

⓫ Marry in haste, and repent at leisure.
せいて結婚すれば,あとあと後悔

慎重に考えないで結婚すると,あとで悔やむことが多いといういましめ。16世紀ごろからのもの。シェイクスピアの「ヘンリー6世」には,
"Hasty marriage seldom proveth well."(せいて結婚して結果のよいためしはまずありません)と引用されています。
 ＊proveth＝proves

⓬ Misery makes strange bedfellows.
不幸は奇妙な仲間をつくる（同病相あわれむ）

　不幸な者同士はたがいに親しみあって仲よくなるという意。"Bedfellows"は現今では「仲間」の意味に用いられていますが，もとはもちろん「同衾者」でした。

　シェイクスピアの「嵐（テンペスト）」に，

　"Misery acquaints a man with strange bedfellows."（不幸から妙な仲間ができるもの）とあります。

　"Misery"のかわりに"adversity"（逆境）や"poverty"（貧困）となることもあります。

⓭ Misfortunes seldom come singly.
禍はひとりでは来ない（弱り目にたたり目。泣き面にハチ）

　不幸が起こると，すぐあとからまた別の不幸が続いて起こるものであるという意。14世紀ごろからのことわざ。シェイクスピアの「ハムレット」に，

　"When sorrows come, they come not single spies, But in battalions."（悲しみごとの来るときは，斥候兵だけでなく全軍すぐって攻めかける）と引用されています。

"It never rains but it pours."(降ればどしゃ降り)もこれと同じ意を表わしたものでしょう。

⓮ Money begets money.
金が金を生む

金はたまりだすと, ますます増えるということ。16世紀ごろからのことば。シェイクスピアの「ヴィーナスとアドウニス」に "Gold that's put to use more gold begets."(金は活用すればさらに金を生む)とあります。イギリスの経済学者アダム・スミス Adam Smith (1723-90) も, "Money makes money" と引用しています。

⓯ Money is the sinews of war.
金は戦力なり

金がなくては戦いはできないという意。古代ローマの哲人キケロのことばに由来するもの。"Sinews" は筋肉, 原動力の意。

ベーコンは "Laws are the sinews of peace, money of war."(法は平和の力, 金は戦いの力)と述べています。18世紀の格言集には "Money is the sinew of love as well as of war."(金がなくては戦いはもちろん恋もできない)と出ています。

⓰ More haste, less speed.
せいては事を仕損じる

14世紀ごろからのことわざ。もともと "speed" は「成功」の意で,「あせると失敗しやすい」という意味だったのが,

せいては事を仕損じる

「急ぐことはゆっくりやれ」という意味に変わりましたが，その結果かえって撞着語法の面白さが加わりました。

⓱ Much meat, much disease.
食べ物が多ければ病気も多い（腹も身のうち）

　大食は病気のもとだということ。腹もわが身の一部であるから，暴飲暴食で痛めつけるのは，わが身そのものをそこなうものであるという諫め。

　He that eats till he is sick must fast till he is well.（病むほど食べれば，直るまで絶食を要す）も心は同じものでしょう。

⓲ Murder will out.
殺人はかならず露見する（悪事千里を走る）

　天網恢々疎にして漏らさず。殺人はいかに巧妙にかくしても，かならず露見するという意。遺憾ながら，人殺しかならずしも発見されないのが現実。13世紀ごろからのことわざで，チョーサー，シェイクスピアその他多くの人によく引用されています。

シェイクスピアの「ベニスの商人」に，

"Truth will come to light; murder cannot be hid long." (事実はいずれ明白となる。人殺しは隠しおおせるものではない) とあります。

⑲ Mutual help is the law of nature.
相互扶助は自然の法則

世の中はお互いに助けあってこそうまくゆくものだという意。日本でいえば，持ちつ持たれつというところ。

Live and let live. (自分も生き，他人をも生かせ) も同じものといえましょう。

N

❶ Necessity has no law.
必要の前に法律はない（背に腹はかえられぬ）

有徳の士も，時としては法を破らざるをえないことがあるという意。古代ギリシアの詩人シモニデス Simonides は，「神も必要と争わず」といっており，プルターク Plutarch も「神も必要にゆずる」と述べています。英語にはいったのは14世紀。1654年の議会演説の中でクロムウェル Oliver Cromwell (1599–1658) は，"Necessity has no law." といっています。

"All is fair in love and war."（恋と戦いは勝てばよい）も，これと同じ皮肉な内容を表わしています。

❷ Necessity is the mother of invention.
必要は発明の母

16世紀ごろから "necessity" を擬人化して「知恵の教師」(teacher of wit)，「利器の発明者」(inventor of good things)，「生産の母」(mother of productions) などと呼ばれてきましたが，古く，イソップの The Crow And The Pitcher に，この表現があります。

❸ Needs must when the devil drives.
悪魔が御者なら走らざるをえない（泣く子と地頭には勝てぬ。長いものには巻かれろ）

悪友や悪癖からぬけだすことはむずかしいというたとえ。

"Needs"は，「どうしても」という副詞で，現今の英語においては"must"と併用します。15世紀から19世紀の初頭にかけて，"needs go"であったのが，"go"の脱落によって"must"を加えるようになりました。

❹ Never do things by halves.
物事は中途半端にするな

いったん始めたことはやり遂げよという意。18世紀ごろからのことわざですが，旧約聖書「コヘレトの言葉」の"Whatsoever your hand finds to do, do it with your might."（すべてなんじの手でなさんとて見いだせしことは，力をつくしてこれをなせ）と同じ心を表わしたもの。

類似のことわざに，"What is worth doing at all is worth doing well."（事をなすからには，りっぱにせよ）があります。

❺ **Never put off till tomorrow what can be done today.**
今日なしうることを明日まで延ばすな（思い立ったが吉日）

13世紀のチョーサーも引用している古いことわざ。
同じ意を表わすことわざに，
"There is no time like the present." （いまが好機）
"Procrastination is the thief of time." （遅延は時間泥棒）
"Take time by the forelock." （好機逸すべからず）などがあります。

❻ **Never spoil a ship for a haporth of tar.**
タールを惜しんで船を失うな（一文惜しみの百知らず）

防腐剤を惜しむと船底が腐って船全体を失う結果となるといういましめ。この "ship" は "sheep" の訛りであるといわれています。羊の傷口に塗るタールを惜しむと羊を失うという意味であったのが，19世紀ごろ「羊」が「船」に変わったというわけです。"Haporth"＝halfpennyworth「半ペニーの価，つまり少量」，発音は [héipəθ]。

❼ **Never too old to learn.**
学習に老齢なし（六十の手習い）

古代ローマのことわざ。英語にはいったのは17世紀ごろ。
シェイクスピアのリア王は，"I am too old to learn." （いまさら物をまなぶ年でもない）といっています。

❽ No cross, no crown.
十字架なければ栄冠なし（艱難なんじを玉にす。苦は楽の種）

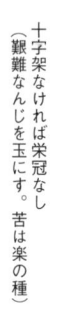

人間は苦難を経てはじめて大成されるという意。17世紀ごろからのもの。"Cross"は，キリストの十字架の受難から，「苦難」の意。アメリカの政治指導者でペンシルヴェニアの創建者ウィリアム・ペン William Penn (1644-1718) は *No Cross, No Crown* のなかで，

"No pain, no palm; no thorns, no throne; no gall, no glory; no cross, no crown."（苦痛なければ栄誉なく，苦悩なければ王座なく，苦汁なければ栄光なく，苦難なければ栄冠なし）と引用しています。

❾ No man cries "stinking fish."
「くさった魚」と呼び歩く者なし（売り物に花をかざる）

客にわざわざ商品の欠点を見せる商人はいないという意。魚はくさると悪臭を放つ（stink）もの。

アジが売り切れたので「アジないハマチ」と呼び歩く魚屋

が落語に出てきます。

⑩ No man ever became thoroughly bad at once.
一朝にして堕落するものなし

人間の堕落は徐々に進行するものであるという意。ユウェナリス Juvenal（50頃-130）のつぎのラテン語から出たもの。

Nemo repente fuit turpissimus（No one ever reached the depths of wickedness all at once）

イギリスの詩人シドニー Sir Philip Sidney（1554-86）は，

"There is no man suddenly excellently good, or extremely evil.（急に聖人君子や極悪非道となるものはない）と述べています。

⑪ No man is a hero to his valet.
近侍から見れば英雄なし（聞くと見るとは大違い）

世間から尊敬されているりっぱな人物も，家庭では使用人からさほど尊敬されないのは，毎日身の回りの世話をしているうちに，世間の知らない欠点や短所を知るようになるからでしょう。"Valet"（そば仕え）は今日では古語です。

近侍から見れば英雄なし（聞くと見るとは大違い）

17世紀にモンテーニュのことばがつぎのように英訳されています。

"Few men have been admired by their domestics."（召使い

に尊敬される人は少ない)

同じ内容は，"Familiarity breeds contempt."（なれ過ぎると侮りを招く）にもうかがえます。

⑫ No news is good news.
便りのないのはよい便り

便りのないのは変わったことのない証拠。便りを待ちわびている人をなぐさめるときに引用されます。17世紀ごろからのものですが，はじめは"No news is better than ill news."の形で現われました。

ひと月も前の古い新聞とは知らずに女房に読んで聞かせる亭主のコッケイな物語の題名に，このことわざをもじって，"No News Is New News."（みんな古いニュース）とつけてあります。"No news is new news."は否定文ですが，"No news is good news."は肯定文です。

⑬ No one knows the weight of another's burden.
他人の荷物の重さは，だれにもわからない

他人の荷物は，軽かろうが重かろうが，その荷を背にしている人でないと，どれくらいの重さかはわからない。つまり人の苦労はその人でなければわからないという意。

⑭ No smoke without fire.
火のないところに煙はたたぬ

うわさが立つからには，なにか原因があるはず。14世紀ごろからのことわざ。

⓯ None are so blind as those who will not see.
心ここにあらざれば見れども見えず

　ものの一面だけを見て，あくまで自分の考え方を固執する頑固な人間はなかなか説得しにくいというたとえ。16世紀ごろからのことわざ。"Are"は省略されることが多いようです。

⓰ None so deaf as those who will not hear.
心ここにあらざれば聞けども聞こえず

　聞きたくないときは聞こえないふりをするものですが，とにかく聞きわけようとしない者ほど説得しにくい人間はないという意味。16世紀からのもの。
　"None are so blind as those who will not see."（心ここにあらざれば見れども見えず）と同じ心。

⓱ Not every man is born, with a silver spoon in his mouth.
口に銀のさじをくわえて生まれてくる人は，めったにいない

　人は生まれながらの富貴は少ないという意。

⓲ Nothing comes from nothing.
無中有を生ぜず（無い袖は振られぬ）

　古代ギリシアに由来することば。Epicurus (342?–270 B.C.) の哲学では，物理の理論の基礎をなす考え方でもありました。ラテン語の"Nihil ex nihilo fit."がチョーサーの英訳によっ

無中有を生ぜず
（無い袖は振られぬ）

て英語にはいったもの。シェイクスピアの「リア王」にも，"Nothing will come of nothing." と引用されています。

⑲ Nothing succeeds like success.
成功は成功に通ず（一事成れば万事成る）

たとえば，一度好評を博した作家はトントン拍子で文壇の売れっ子になるものだという意。19世紀からのことわざ。
これと反対の意を表わすものに，
"Failure is the only highroad to success." （失敗は成功への唯一の公道なり）があります。

⑳ Nothing venture, nothing have.
思いきってなさねば得るところなし（あたって砕けよ。虎穴に入らずんば虎児を得ず）

原型はチョーサーに現われ，16世紀ごろに定着したことわざ。これと類似の意を表わすものは，
"The sweetest grapes hang high." （良いものほど得がたい）

思いきってなさねば得るところなし(あたって砕けよ。虎穴に入らずんば虎児を得ず)

"The nearer the bone, the sweeter the meat."（骨に近いほど肉がうまい。困難なものほど楽しみが大きい）

O

❶ One cannot be in two places at once.
同時に二カ所にいることはできない（二兎を追うものは一兎をも得ず）

同時に二カ所にいることはできない（二兎を追うものは一兎をも得ず）

　同時にちがった二つのことをしようとすれば、どちらもうまくいかないというたとえ。17世紀ごろからのことわざ。

❷ One cannot eat one's cake and have it.
菓子をたべておきながら、まだ持っていたいといっても無理である（二つよいことはない）

　ぜいたくな生活をしながら、たんまり貯蓄もするというのは、むずかしい相談。16世紀ごろからのことわざで、新聞の社説などでしばしば引用されています。
　類似のことわざに、
　"You cannnot have it both ways."（あちら立てれば、こちらが立たず）があります。わが国の「フグは食いたし命は惜し

し」もこれに近い意味。

❸ Of two evils choose the less.
二悪のうち小悪をえらべ

二つの悪のうち,どちらかをえらばねばならない場合,すこしでもましな方をとれという意。14世紀ごろからのもの。古くは"evils"のかわりに,"ills","harms","mischief"が,また"less"のかわりに"least","lesser","smallest"が用いられたこともあります。

❹ Old birds are not caught with chaff.
もみがらで老鳥はとれない(一筋なわではゆかぬ)

煮ても焼いても食えぬ老練な人間は簡単にだますことはできないというたとえ。15世紀ごろから。

❺ Once a thief, always a thief.
一度泥棒するとやめられない

盗癖は一生なおらないもので,一度悪に落ちると生涯浮かぶ瀬がないという意。
"It is never too late to mend." と対立することわざ。

❻ One cannnot get blood from a stone.
石から血は出ない(木仏金仏石仏)

血も涙もない冷酷無情な人のたとえ。16世紀ごろからのもの。"Blood"のかわりに"water"が用いられることもあり

ます。

❼ One cannnot put back the clock.
時計をもどすことはできない

すでに起きたことは，もとの状態にもどすことはできないという意。20世紀にはいってから生じた新しいことわざ。

❽ One good turn deserves another.
恩に報ゆるに恩をもってする（世の中はあい身たがい。情けは人のためならず）

他人に親切な人は，他人からも親切を受ける資格がある。世の中は持ちつ持たれつであるという意。"Deserves"が"asks"や"requires"となることもあります。15世紀ごろからのことわざ。論語の「徳は孤ならず，かならず隣あり」がこれに当たります。"Turn"は「行為」の意。

❾ One man may steal a horse while another may not look over the hedge.
馬を盗んで罪をまぬがれ，垣をのぞいて罰せらる

　大罪を犯しても巧みに刑をまぬがれる者もあれば，些細な罪できびしく罰せられる者もあるという意。16世紀ごろからのもの。

❿ One man's meat is another man's poison.
甲の食物も乙には毒（たで食う虫も好きずき）

　人にはそれぞれ好ききらいがあるばかりでなく，同じものでも人によって薬にもなれば毒にもなるという意味。"Meat" は，ここでは「肉」ではなくて「食物」の意。
　ローマのルクレティウス Lucretius (99-55 B.C.) に "What is food to one man is bitter poison to others." とあります。英語には17世紀ごろはいりました。

⓫ One must draw the line somewhere.
どこかに線をひかねばならぬ

　譲歩するにも限度があり，がまんするにもほどがあるということ。19世紀に生まれたことば。

⓬ One should not wash one's dirty linen in public.
よごれものの洗たくは人に見せるな

　内輪の恥を外へさらけ出すなというたとえ。19世紀にフラ

ンスからはいったことわざ。

⓭ One sows and another reaps.
甲が蒔いて乙が刈る（犬骨折ってタカの餌食）

労して得たものを他人にとられるのをいう。新約聖書「ヨハネによる福音書」から出たことば。

⓮ One swallow does not make a summer.
一羽のツバメは夏を告げず（一斑をもって全貌を推すべからず）

アリストテレスの「一羽のツバメは春を告げず」ということばに由来するものですが，「春」を「夏」に変えたのは16世紀の Taverner というイギリス人。ツバメは夏の初めにイギリスにやって来て秋に立ち去ります。ツバメのなかには群よりも早く到着するのがいますが，これを見て，もう夏になったというのは早合点だという意味です。また，セルバンテスの「ドンキホーテ」にも，この表現があります。わが国の「桐一葉落ちて天下の秋を知る」は，これと反対の意を表わ

しています。

⓯ Other times, other manners.
時が変われば作法も変わる（臨機応変）

時と場合に応じて礼儀作法も変わるべきものという意。風俗習慣も時代とともに移りゆくもの。

⓰ Out of sight, out of mind.
見えなくなると忘れ去られる（去るものは日々にうとし）

親しかった者でも遠ざかると，しだいに交情がうすれるという意。13世紀ごろからの古いことわざ。

これと同じ意味のつぎのことわざは現今ではほとんど用いられていません。

"Long absent, soon forgotten."

"Far from eye, far from heart."

反対の意味を表わすことわざに，

"Absence makes the heast grow fonder."（逢わねばいや増す恋心）があります。

⓱ Out of the mouths of babes and sucklings.
赤ん坊の口から

英知はしばしば無教育な無知な人間から出ることが多いというたとえ。新約聖書「マタイによる福音書」から出たことば。babes and sucklings で「赤ん坊や乳飲み子」あるいは「うぶでだまされやすい人びと」の意味を表わします。

P

❶ Pity is akin to love.
憐れみは愛に近し（同情から愛情へ）

17世紀からのことわざ。

シェイクスピアの「十二夜」に，"I pity you."（おかわいそうですわ）

"That's a degree to love."（かわいいということになってきますよ）とあります。

❷ Politeness costs nothing.
礼をつくすに費用はかからぬ

無礼をいましめるときに引用されることば。つぎの形でいわれる場合もあります。

"One never loses anything by politeness." 18世紀ごろから。

また，"Politeness costs nothing and gains everything." とモンタギュー Lady Mary Wortley Montagu (1689–1762) が引用しています。

類例。"Good words are worth much and cost little."（やさしい言葉は貴いもの。しかも費用はかからない）

"Politeness" のかわりに，"civility" や "courtesy" も用いられます。

❸ Poverty is no sin.
貧乏は罪にあらず（貧は諸道のさまたげ）

貧乏は，なにをするにも妨げとなるものであるが，悪でも罪でもないという意。17世紀ごろからのもの。

❹ Practice makes perfect.
習うより慣れよ

ラテン語のことわざ "Usus promptum facit." から出たもの。16世紀ごろまでは，"Use maketh (=makes) perfectness." であったのが，現今の形に変わって "practice" と "perfect" が頭韻をふむようになりました。

❺ Practice what you preach.
みずから説くところを実行せよ（隗より始めよ）

自分から率先して実行しなければ，どんなに立派な説法も空論におわるという意。14世紀ごろから。

"Practice is better than precept."（実例は教訓にまさる）と同じ心。

シェイクスピアの「ベニスの商人」に，

"It is a good divine that follows his own instructions."（自分の説教を実行する牧師がりっぱな牧師です）と引用しています。

❻ Prevention is better than cure.
用心にまさるクスリなし（ころばぬさきの杖）

17世紀ごろからのことわざ。

❼ Pride will have a fall.
たかぶれば倒れる（おごる平家は久しからず）

旧約聖書「箴言」の，
"Pride goes before destruction, and an haughty spirit before a fall."（たかぶりは滅亡にさきだち，誇る心は倒れにさきだつ）から出たもの。

❽ Prosperity tries the fortunate, adversity the great.
順境は幸運者を試練し，逆境は偉人を試練する

❾ Punctuality is the soul of business.
時間の厳守は実務の真髄である

時間をきちんと守ることは商売上非常に大切であるという意。

❿ Put your trust in God, but keep your powder dry.
天祐を信じても火薬を湿めらすな(ころばぬ先の杖。油断大敵)

クロムウェルが渡河作戦に際して部下にあたえた戒告の結びのことば。当時の兵士は各自小銃の火薬を携帯していました。

R

❶ Rats leave a sinking ship.
ネズミは沈む船を去る

ネズミは沈む船を去る

衰退のきざしをいち早く察知して，すばやく退社，脱党する人を指して引用されることわざ。"A sinking ship"のかわりに，"a falling house"ということもあります。比喩的に引用されはじめたのは19世紀から。

❷ Revenge is sweet.
復しゅうはたのし

16世紀ごろからのもの。イギリスの詩人バイロン Lord Byron (1788-1824) は，"Sweet is revenge—especially to women."（復しゅうはたのしいもの。ことに女性には）といっています。しかしミルトンは「失楽園」のなかで，"Revenge at first, though sweet, Bitter ere long, back on itself recoils." （復しゅうは，はじめその味甘くとも，やがてはにがく，われとわが身にはね返る）と述べています。 ere long（古語・詩語）＝

before long で,「まもなく, やがて」の意を表わします。

　とにかく, このことわざは新約聖書「ローマの信徒への手紙」の "Vengeance is mine; I will repay, says the Lord." (復しゅうはわれにあり, われ報いん, と主のたまう) に真向から対立するものです。

❸ Rome was not built in a day.
ローマは一日にして成らず（大器晩成）

　ローマの都は何百年もかかって建設されました。大事業は急速に成就されるものではないというたとえ。仕事がのろいといわれたとき, あるいは, はかどらない仕事にやきもきしている人に対して引用されます。フランスではすでに12世紀ごろからあったようですが, 英語にはいったのは16世紀ごろ。

S

❶ Satan always finds work for idle hands.
悪魔は怠け者の仕事を見つける（小人閑居して不善をなす）

勉強も仕事もせずにぶらぶらしていると，ロクなことをやらないもの。悪魔が悪いことを教えるというわけです。

❷ Second thoughts are best.
再考は最善なり（念には念を入れよ）

ギリシア・ラテン起原のもので，英語にはいったのは16世紀ごろ。

"Second thoughts" は "second and sober thoughts"（熟慮再考）の意。

このことわざに対しては，つぎのような反論があります。

"Men's first thoughts are generally better than their second." これは17世紀イギリスの哲学者シャフツベリー伯 Shaftesbury のことばです。

❸ Seeing is believing.
見れば信じるようになる（百聞は一見にしかず）

16世紀ごろから英語にはいったことわざ。
新約聖書「ヨハネによる福音書」のつぎのことばを参照。
"Blessed are they that have not seen and yet have believed."
（見ないで信ずるものはしあわせである）

❹ Self-praise is no recommendation.
自慢は推せん状にはならぬ（ひとり自慢のほめ手なし）

手前みそは感心されるどころか失笑を買うのがおち。

❺ Self-preservation is the first law of nature.
自己保存は自然の第一法則なり

17世紀ごろからのことわざ。これは利己主義を弁護助長するおそれがあるかも知れません。

❻ Short debts make long friends.
債務短ければ交友長し（貸借は不和のもと）

借金の返済が早ければ友情は長続きするという意。16世紀ごろから。"Debts"（借金）のかわりに，もとは"reckonings"（決済）や"accounts"（勘定）が用いられていました。

❼ Silence gives consent.
無言は承諾のしるし

14世紀ごろからのことわざ。

❽ Slow and sure.
徐々にしかも着実に

徐々にしかも着実に

　こつこつと努力を続ける者が成功するといういましめ。イソップ物語のウサギとカメの話に由来することわざ。スマイルズ Samuel Smiles（1812-1904）は *Self-Help*（自助論）でつぎのように書いています。

　"Provided the dunce has persistency and application he will inevitably head the cleverer fellow without those qualities. Slow but sure wins the race."（できない生徒でも，たゆまずはげむならば，頭のよい者の上にきっとあがる。のろくても着実にやれば競争に勝つものだ）

❾ So many men, so many minds.
人の心は十人十色

　ものの考え方は顔の異なるように人それぞれに異なるという意味。古代ローマの "Quot homines, tot sententiae."（人異なるにつれ心も異なる）に由来することば。

❿ Spare the rod and spoil the child.
ムチを惜しめば子をそこなう（かわいい子には旅をさせよ）

　子どもを甘やかすと，ろくな者にはならないといういましめ。
　旧約聖書「箴言」の，
"He that spares his rod hates his son: but he that loves him chastises him betimes."（ムチをくわえざる者はその子を憎むなり，子を愛する者はしきりにこれをいましむ）から出たことば。14世紀イギリスの詩人ラングランド William Langlandが "hate" を "spoil" に改めた結果，"spare" と頭韻をふむことになりました。

⓫ Speech is silver, but silence is gold.
雄弁は銀，沈黙は金（いわぬはいうにいやまさる）

　ことばというものは，すばらしい力をもっているけれども，なにもいわない方がよい場合もあるというたとえ。
　シェイクスピアの「から騒ぎ」に "Silence is the perfectest herald of joy."（無言は喜びを伝える最高のもの），またメレディス George Meredith (1828–1909) は "Speech is the small change of silence."（ことばは無言の小銭）といっています。

旧約聖書「コヘレトの言葉」から出たことわざに，
"There is a time to speak and a time to be silent." があります。

⓬ **Still waters run deep.**
静かな流れは水深し（能あるタカは爪をかくす）

実力のあるものは，やたらにそれを現わさないというたとえ。また腹の中をみせない無口の人間は気が許せないという意味にも用いられます。15世紀ごろからのことわざ。

⓭ **Stolen waters are sweet.**
盗みたる水はうまし（盗み食いのうまさ）

旧約聖書「箴言」の，
"Stolen waters are sweet, and bread eaten in secret is pleasant."（盗みたる水は甘く，ひそかに食らう糧は美味なり）から出たことば。"Forbidden fruit is sweet."（禁断の実はうまい）もこれと同じ意。

⑭ Strike while the iron is hot.
鉄は熱いうちに打て（好機逸すべからず）

"Make hay while the sun shines."（日の照っているうちに草を乾せ）も同じ意。

⑮ Sufficient unto the day.
今日のことは今日だけ（あしたはあしたの風が吹く）

新約聖書「マタイによる福音書」の "Sufficient unto the day is the evil thereof."（一日の苦労は一日にて足れり）の後半が省かれたもの。「あしたはあした，きょうはきょう」であって，取り越し苦労はせず，そのときになってから心配すればよいという意。

T

❶ Take care of the pence, and the pounds will take care of themselves.
小銭に気をつければ大金の世話はいらない（小事を軽んずるなかれ）

少額の金をためれば大金はおのずからたまるという意。17世紀ごろからのことわざ。

チェスターフィールド Earl of Chesterfield (1694-1773) が息子にあたえた手紙に，

"I knew once a very covetous, sordid fellow, who used to say, "Take care of the pence, for the pounds will take care of themselves."(欲に目のないさもしい男がいたが，いつも「小銭に気をつければ大金の世話はいらない」といっていた) とあります。

❷ Take things as they come.
物事は来るがままに受け取れ（望めど望まれず）

たとえ不愉快なことでも，不平不満をいわずに甘んじて受け入れよという意。17世紀ごろからのことわざ。

❸ Take time by the forelock.
時は前髪でつかめ（好機逸すべからず）

"時"は前髪を垂れたはげ頭で漫画的に表わされることがあります。はげた後頭部は過去を象徴しているわけです。イギリスの詩人グリーン Robert Greene (1560?-92) は，

"Take time now by the forehead: she is bald behind."（時はいますぐ前髪でつかめ。うしろははげているから）と引用しています。シェイクスピアは"時"を"that bald sexton"（あの禿頭の役僧）と呼んでいます。

❹ Talk of the devil, and he is sure to appear.
悪魔を談ずれば悪魔いたる（うわさをすれば影がさす）

❺ The best is often the enemy of the good.
最善は善の敵（満は損をまねく。大吉は凶に帰る）

（悪魔を談ずれば悪魔いたる（うわさをすれば影がさす））

理想が高すぎると，かえって成功のさまたげとなることがあるという意。シェイクスピアの「リア王」に，

"Striving to better, often we mar what's well."（よくしようと努めて，かえってそこなうことがある）とあるのは，これと同じ意を表わしたもの。

これとは逆に，次善に甘んじてはならないとう意味で，

"The good is often the enemy of the best."（善は最善の敵）

といわれることもあります。

❻ The child is father of the man.
子どもはおとなの父（三つ子の魂百まで）

幼時の性格は成人しても変わらないという意味。ワーズワース William Wordsworth (1770-1850) の詩から出たことばですが，ミルトン John Milton (1608-1674) の「復楽園」*Paradise Regained* に，"The childhood shows the man, As morning shows the day."（朝は一日のきざし，幼時は成人をあらわす）とあります。

❼ The cobbler should stick to his last.
くつ屋はくつ型をまもれ

自分の本務以外のことに干渉せずに，各自本分を守るべきであるというたとえ。16世紀ごろからのことわざ。"Last"は「くつ型」のこと。

❽ The darkest hour is that before the dawn.
最も暗い時間は夜あけまえである（禍も福の端となる。窮すれば通ず）

事態の悪化は好転のきざしである場合が多いというたとえ。17世紀ごろから。イギリスの女流小説家シャーロット・ブロンテ Charlotte Brontë (1816-55) は，"This is a terrible hour, but it is often the darkest point which precedes the rise of day."（いま恐ろしいときです。でも，たいてい一番暗いときこそ夜あけまえなのです）と引用しています。

❾ The darkest place is under the candlestick.
最も暗いのは燭台の下である（灯台もと暗し）

　手近のことが案外わからないたとえ。「灯台もと暗し」の「灯台」は本来燭台のことで，"lighthouse" の意ではありませんでした。

❿ The devil is not so black as he is painted.
悪魔も絵にかいたほど黒くはない（鬼のなかにも仏がいる）

　イギリスの詩人，劇作家ロッジ Thomas Lodge（1558？-1625）のことば。いつも黒鬼のように描かれる悪魔にたとえて，いわゆる悪人も世間でいうほどの悪い人間ではないという意。非難攻撃されている人をかばうときに引用されます。

⓫ The early bird catches the worm.
早起き鳥が虫をとらえる（早いもの勝ち）

　夜中に出てくる虫は夜明けに地中にもぐるので，早起きの鳥だけが朝食にありつくわけです。このことわざは，「早起

きの徳」よりはむしろ「先んずれば人を制する」というたとえです。つまり, "First come, first served."（早い者勝ち）と同じ意味で用いられています。

⓬ The end crowns the work.
仕上げが仕事に栄冠をあたえる（終りが大事）

なにごとも終りが大事。九仞（きゅうじん）の功を一簣（いっき）にかくことのないよう注意が肝要という意。また, 細工は流々仕上げをごろうじろ, ということにもなるでしょう。このことわざはラテン語 "Finis coronat opus." の英訳。シェイクスピアの「トロイラスとクレシダ」に,

"The end crowns all, All that old common arbitrator, Time, will one day end it."（終局で万事決定し, いずれ時という老審判者がすべてを裁定する）とあります。

⓭ The falling-out of lovers is the renewing of love.
恋人の仲たがいは恋の若返り

ローマの喜劇詩人テレンス Terence（195?-159 B.C.）のことば。17世紀ごろ英語にはいりました。

"Lovers" にかぎらず "friends" についても引用されます。

⑭ The farthest way round is the nearest way home.
一番遠い回り道が一番近い帰り道（急がば回れ）

17世紀に生まれたことわざ。

⑮ The last straw breaks the camel's back.
最後のワラ一本がラクダの背をつぶす

そのものは軽微でも，積み重なる負担の上に加わると耐えがたいものとなる。たとえわずかでも限度を越すと大事となるというたとえ。"The last drop makes the cup run over."（最後の一滴でコップがあふれる）ともいいます。17世紀ごろからのことわざ。

⑯ The leopard cannot change its spots.
豹はその斑点を変えることができない（三つ子の魂百まで）

人間は持って生まれた性質を変えることができないというたとえ。望ましくない性質の場合に引用されます。このことわざは旧約聖書「エレミヤ書」の，

"Can the Ethiopian change his skin, or the leopard his spots?"（エチオピア人はその皮膚の色を，豹はその斑点を変えることができるか）にもとづいています。

"Spots"（斑点）には「汚点」のニュアンスがあります。

⓱ The longest day has an end.
どんな長い日も，かならず暮れる（苦あれば楽あり。待てば海路の日和）

　どんなに長い退屈な一日も，やがては暮れて夜になるように，どんなに苦しいこと，つらいことも，いずれは終わるものだという意味。このことばは14世紀ごろに芽生えて17世紀に確立したようです。

　これと同じ意味のことわざに，

　"It's a long road that has no turning."（曲り目のない道はない）があります。

⓲ The love of money is the root of all evil.
金を愛するは，もろもろの悪しきことの根なり

　新約聖書「テモテへの手紙Ⅰ」から出たことば。古代ギリシアの哲学者ジオゲネス　Diogenes も "The love of money is the mother-city of all evils." と述べています。

　このことわざに反抗して，

　"Poverty is the root of all evils."（貧困は諸悪の根元）
と言ったのはマーク・トウェーン　Mark Twain（1835–1910）とバーナード・ショー　G. Bernard Shaw（1856–1950）ですが，前者は皮肉のつもり，後者は社会主義の立場からでしょう。イギリスの風刺作家バトラー　Samuel Butler（1835–1902）もつぎのように書いています。

　"It has been said that the love of money is the root of all evil. The want of money is so quite as truly."（金を愛するとあらゆる悪が芽生えるといわれるが，金がないというのも，これまた同じ）。

⑲ The proof of the pudding is in the eating.
プディングの味は食べてから（論より証拠。人には添うてみよ，馬には乗ってみよ）

> プディングの味は食べてから（論より証拠。人には添うてみよ，馬には乗ってみよ）

　嘉肴ありといえども食せざれば，その味を知らず。なにごとでも試してみないうちは，その真価は判断できないというたとえ。

　13世紀ごろからのことわざ。

⑳ The race is not to the swift, nor the battle to the strong.
速きもの走ることに勝つにあらず，強きもの戦いに勝つにあらず

　旧約聖書「コヘレトの言葉」から出たことば。成否勝敗は時の運によって定まるという意。

㉑ The road to hell is paved with good intentions.
地獄への道は善意で敷かれている

改めようと思いながらも，意志が弱いためにずるずる堕落していく人が多いというたとえ。17世紀ごろからのもの。

㉒ The spirit is willing, but the flesh is weak.
心は熱すれども肉体よわし

マタイ伝から出たことば。けだかい心が正しいことをしようとしても，いやしい欲情がこれをさまたげるという意。

㉓ The voice of the people is the voice of God.
民の声は神の声

ギリシアの詩人ヘシオドス Hesiodsに由来するといわれています。有名なラテン語 "Vox populi vox Dei"（天声人語）がイギリスの聖職者アルクイン Alcuin（735-804）のつぎのことばから出ていることは注目すべきでしょう。

"Nec audiendi sunt qui solent docere, 'Vox populi, vox dei'; cum tumultuositas vulgi semper in saniae proxima est."（「民の声は神の声である」ということばに耳を傾けてはならぬ。群集の騒乱はつねに狂気に近いものである）

また，ポープは "The People's voice is odd. It is, and it is not, the voice of God."（民の声は奇妙なもの。神の声であり，神の声ではない）と述べています。

㉔ The weakest goes to the wall.
弱いものは押しのけられる（弱肉強食）

弱いものは押しのけられる（弱肉強食）

15世紀ごろからのことわざ。シェイクスピアの「ロミオとジュリエット」につぎの引用があります。

That shows thee a weak slave; for the weakest goes to the wall." (それが，おまえの弱虫の証拠だ。一番弱いやつが壁ぎわで立往生というわけさ)

㉕ The woman who deliberates is lost.
ためらう女は負ける

言い寄る男に対してはっきりと拒否しないで，あいまいな態度をとる女は結局負けてしまうものだという意。イギリスの政治家で詩人のアディスン Joseph Addison (1672-1719) の劇から出たことば。

"Woman"のかわりに"person"として，一般に躊躇逡巡をいましめる意味で引用されることもあります。

㉖ There are as good fish in the sea as ever came out of it.
にがした大魚は海にいくらでもいる

逸した好機はふたたび来ないなどと絶望してはならないというたとえ。"As ever came out of it" は，もう少しのところで捕えるところだった魚の意。19世紀ごろからのことわざ。

㉗ There is but one step from the sublime to the ridiculous.
嵩高とコッケイは一歩の差

イギリスの政治評論家ペイン Thomas Paine (1737-1809) は，

"One step above the sublime makes the ridiculous; and one step above the ridiculous makes the sublime again." (嵩高から一歩あがればコッケイになり，コッケイから一歩あがれば，また嵩高となる) と述べています。

㉘ There is many a slip between the cup and the lip.
コップを口にもっていく間にも，しくじりがある（港の口で船やぶる。好事魔多し）

もう一歩というところで，よく失敗するものであると

コップを口にもっていく間にも，しくじりがある（港の口で船やぶる。好事魔多し）

いうたとえ。このことわざは，アンティヌスがさかずきを口にもっていこうとするところを，オデュッセウスにのど元を射られるというホメロスの詩に由来するともいわれ，また自分のぶどう園からとったぶどう酒を飲もうとしたとき，イノシシがぶどう園を荒していると聞いて退治に出かけて死ぬ男の故事にもとづくともいわれています。英語にはいったのは16世紀ごろ。

㉙ There is no accounting for tastes.
趣味は説明の仕様がない（たで食う虫も好きずき）

16世紀ごろ英語にはいったラテン語のことわざ。同じ意味で "Every man to his taste." というのもあります。

㉚ There is no fool like an old fool.
老人の馬鹿ほど馬鹿なものはない

16世紀ごろからのことわざ。同じ馬鹿でも老人の馬鹿ほど厄介なものはないという意。

㉛ There is no place like home.
わが家にまさるところなし（わが家楽の釜だらい）

アメリカの作家ペイン J. H. Payne (1792–1852) のつぎの歌から出たことば。

 Mid pleasures and palaces though we may roam,
 Be it ever so humble, there's no place like home...
 Home, home, sweet, sweet home!
 There's no place like home! There's no place like home!

わが家にまさるところなし
(わが家楽の釜だらい)

　名言警句を得意とするイギリスの農民詩人タッサー Thomas Tusser (1524?-80) は,

　Seek home for rest,

　For home is best.

　(わが家に帰ってやすめ,

　　わが家がいちばんよい)

と歌っています。

㉜ There is no rose without a thorn.
トゲのないバラはない

　世の中に完全な幸福はないというたとえ。17世紀ごろからこの比喩的な意味で引用されています。

　なお "A rose without a thorn" が, 非の打どころのない女性の形容にもちいられた例は, つぎの詩にみられます。

　On Richmond Hill there lived a lass,

　More sweet than May day morn,

　Whose charms all other maids surpass,

　A rose without a thorn.

　　　　　　　　　　　　Leonard McNally (1752-1820)

（リッチモンドの丘におとめあり，
　　　さつきの朝よりかぐわしく，
　　　風情これにまさるおとめなし，
　　　げにトゲなきバラのかんばせ）

　なお植物学からいえば，トゲのないバラの種類は存在します。

㉝　There is no royal road to learning.
　　学問に王道なし

学問に王道なし

　王侯の旅行する道路は改装して通りやすくするところから，"royal road"（王道）は「楽な道」を意味するようになりました。いまから2000年前ギリシアの数学者ユークリッドがエジプト王に言ったことばから出たもの。英語では19世紀ごろから引用されはじめました。

㉞　There is no time like the present.
　　現在にまさるときはない（思い立ったが吉日）

　やらなければならないことを延ばすなといういましめ。18

世紀ごろから。

同じ意を表わすことわざに，

"Never put off till tomorrow what can be done today."（きょうなしうることを明日までのばすな）

"Procrastination is the thief of time."（遅延は時間泥棒である）

"Take time by the forelock."（時間は前髪でつかめ。好機逸すべからず）

㉟ Those who live in glass houses should not throw stones.
ガラスの家に住む者は石を投げるな（泥を打てば面(つら)へはねる）

ガラスの家に住む者は石を投げるな（泥を打てば面へはねる）

あやまちは人間だれにでもあるから，人の過失をむやみに責めてはならないというたとえ。われわれ人間はみな，いわばガラスの家に住んでいるようなものであるから，となりの家に石を投げると，自分の家もこわされてしまいます。"ガラスの家"は17世紀からですが，すでにチョーサーには"ガラス頭の人間"が登場しています。

㊱ Time and tide wait for no man.
時と潮は人を待たず（歳月人を待たず）

15世紀ごろまでは「時」の意味で"time"または"tide"のいずれか一方だけを用いていましたが，現今の形のことわざでは"tide"は「潮」の意に解されています。つまり，潮の干満は自然の法則にしたがうものであって，人間の都合などは考えてくれません。だから，満潮のときに出航の機を失うと，つぎの満潮まで待たねばならないというわけです。

同じ意を表わすことわざは，
"Time flies."（光陰矢のごとし）

㊲ Times change.
時代は変わる。

ラテン語のことわざ。英語にはいったのは16世紀ごろ。
"Tempora mutantur, et nos mutamur in ilis."（Times change, and we change with them.）（時代は移り，時代とともにわれわれも変わる）

㊳ Time flies.
光陰矢のごとし

歳月人を待たず。寸暇を惜しめという意。ラテン語のまま，"Tempus fugit."と引用されることもあります。

イギリスの詩人ヤング Edward Young（1683-1765）は，"Time

光陰矢のごとし

flies, death urges, knells call, heaven invites, Hell threatens."
(光陰矢のごとく,死われを促し,弔鐘われを呼び,天国われを招き,地獄われをおびやかす)

古代ローマの詩人バージル Virgil (B.C.70-19) は,

"Sed fugit interea, fugit inreparabile tempus." (Meanwhile time is flying—flying never to return.) と書いています。

同じ意を表わすことわざに,

"Time and tide wait for no man."(歳月人を待たず)があります。

❸❾ Time tames the strongest grief.
時はいかに強い悲しみをもいやす

古代ギリシアの昔から引用された考え方で,英語ではチョーサーのころから引用があります。おなじ心で"Time is the great healer." あるいは,"Time cures all things." ともいいます。

❹⓿ To err is human.
あやまつは人の常(ならぬ堪忍するが堪忍)

ラテン語の"Humanum errare"。英語にはいったのは16世紀ごろ。詩人ポープ Alexander Pope (1688-1744) の "To err is human, to forgive, divine."(あやまつは人の常,許すは神の心)という句は有名。しかし女王エリザベス1世(1533-1603)はノッティンガム伯夫人に向かって,

"God forgive you, but I never can."(神様はお許しになっても,私は許しません)といったそうです。

イギリスの哲学者ロック John Locke (1632-1704) は,

"All men are liable to err."(人間はみなあやまちを犯し易いもの)といっています。

印刷の場合に,「誤植は避けがたいもの」の意味で引用されることもあります。

❹ Too many cooks spoil the broth.
コックが多いとスープがまずくなる（船頭多くして船山にのぼる）

コックが多いとスープがまずくなる（船頭多くして船山にのぼる）

スープにかぎらず, なにごとでも一人でやる方がよい場合に他人の干渉や援助を受けると, かえってうまくいかないというたとえ。16世紀には "The more cooks the worse potage."（コックが多いほどスープがまずくなる）といっていたようですが, 17世紀には現今の形で現われています。

これとは逆に人手の多いことを歓迎することわざに,

"Many hands make light work."（手が多いほど仕事は楽になる）があります。

㊷ Truth is stranger than fiction.
事実は小説よりも奇なり

この世の中では作り話よりも不思議なめぐり合わせや事件が起こっているという意。
バイロン Lord Byron (1788-1824) の *Don Juan* に,
"'Tis strange — but true; for truth is always strange; Stranger than fiction."(不思議。でも本当だ。事実はいつも奇なるもの。小説よりも奇なるもの)

㊸ Truth lies at the bottom of a well.
真実は井戸の底にあり

事の真相をつきとめることは, 井戸に落したものを引きあげるように困難なことであるという意。ギリシア・ローマの時代からいわれてきたことば。

㊹ Truth will prevail.
真実は勝つ

ラテン語聖書の"Magna est veritas, et praevalet."(Great is truth, and it prevails.) から出たことば。14世紀ごろから英語にはいっています。

㊺ Two blacks do not make a white.
黒と黒とで白にはならぬ

悪に報ゆるに悪をもってするのは, まちがっているし, また悪いことは人もやっているから自分もやってよいというこ

とにはならないというたとえ。18世紀ごろからのもの。"Two wrongs do not make a right."ともいいます。

㊻ Two heads are better than one.
二人の知恵は一人にまさる（三人寄れば文殊の知恵）

困ったときは助言を仰ぐがよい。二人で知恵をしぼれば，よい思案も浮ぶというもの。このあとに"even if the one's a sheep's"（たとえ羊の頭でも）と続けることもあります。羊は愚鈍な動物だと考えられているからです。"Two"のかわりに"many"となることもあります。14世紀ごろからのことわざ。

㊼ Two is company, but three is none.
二人は仲よし，三人は仲間割れ（三人寄ればけんかのもと）

二人は仲よし、三人は仲間割れ
（三人寄ればけんかのもと）

二人のときは話も合い，仲もよいが，三人になると争いがはじまるもの。異性の場合はなおさらのことでしょう。16世紀ごろからのもの。

㊽ Two of a trade seldom agree.
商売を同じくする者は一致することがまれである

　同じ商売をしている人たちは，表面こそなにくわぬ顔でやっていますが，売り方や値段の割引き方などで，意見の合わぬことが多いもの。あそこの店ではいくらで売っていますが，うちではこれぐらいサービスさせていただきますなどということはよく耳にするものです。このことわざは，そうした「商売がたき」のことをいっています。

＊of a trade ＝ of the same trade「同じ商売の」

㊾ Two wrongs do not make a right.
悪と悪とで善にはならぬ

　悪に報いるに悪をもってするのは誤り。人もやるから自分もやってよいことにはならないという意。

"Two blacks do not make a white." と同じ。

U

❶ Union is strength.
団結は力なり

古代ギリシアのころからいわれてきたことば。ギリシアの詩聖ホメロスの「イリアス」に,

"Union gives strength, even to weak men."（弱き者も団結によって力を得る）

イソップ物語にも,

"Union gives strength."（団結は力を与える）とあります。

ベーコンは, "Strength united is the greater."（団結は力をいや増すもの）と述べています。

フランクリン Benjamin Franklin (1844-1924) は独立宣言のとき, つぎのようにいったといわれています。

"Yes, we must, indeed, all hang together or, most assuredly, we shall all hang separately."（そうです, ほんとうに私たちは団結しないと, かならず一人ずつ殺されます）

＊Hang together＝団結する, Hang (separately)＝(別々に)絞殺される

❷ Unequal marriages are seldom happy.
不釣合な結婚が幸福であったことはめったにない（釣り合わぬは不縁の因）

身分や財産があまり違いすぎる者の縁組は, とかく結果がうまくいかない原因になるものであるという意。

V

❶ Virtue is its own reward.
徳はみずから報いる（徳は賞を求めず）

ローマの詩人クラウディアヌス Claudian のことば。17世紀ごろ英語にはいったもの。

エマソン Relph Waldo Emerson (1803-1882) は，

"The only reward of virtue is virtue; the only way to have a friend is to be one." (徳の報いはその徳。友を得る道はみずから友となるにしかず) と述べています。

❷ Vows made in storm are forgotten in calms.
あらしの時になされた誓いは凪の日には忘れられる（のどもと過ぎれば熱さを忘れる）

困難なことも，その苦しみが過ぎてしまうとすぐに忘れてしまうものであるという意。

The danger is past and God is forgotten. (危険が過ぎ去ると，神は忘れられる) も同じ意。

W

❶ Walls have ears.
壁に耳あり

ないしょ話などをするとき用心しないと，部屋のそとで聞き耳を立てている者があるかもしれないという意。このことわざは秘密がもれた場合の言いわけにも引用されます。古くは，"Posts have ears, and walls have eyes to see."（垣に耳あり，壁に目あり）ともいわれました。現今の形は17世紀ごろから。

❷ Waste not, want not.
むだせずば事欠かず

贅沢とむだをいましめるもので，イギリスの女流作家エッジワース Maria Edgeworth（1767–1849）のことば。
"Wilful waste makes woeful want."（浪費は困窮をまねく）もこれと同じ意。

❸ We live and learn.
生きて学ぶ（亀の甲より年の功。長生きはするもの）

一生の間に人間は世の中のいろいろなことを経験するという意味。17世紀ごろからのことわざで，珍しいことを見聞したときなど，その驚異の感慨を述べる場合に引用されます。

また，「ぼんやりしていないで，しっかり勉強しなさい」とたしなめる場合に，"Live and learn!" と命令文の形で引用されることもあります。

❹ What can't be cured must be endured.
癒^{いや}すことのできぬものは忍ばねばならぬ（あきらめが肝心）

どうにもならぬことは我慢しなければならないという意。17世紀ごろフランスからはいったことわざ。

"Cured" と "endured" が脚韻をふんでいます。

❺ What is bred in the bone will not out of the flesh.
骨にしみ込んだものは体から抜けない（三つ子の魂百まで）

持って生まれた性質は変わらないというたとえ。15世紀ごろからのもの。中国のことばにも，「三歳の習い八十に至る」というのがあります。Out＝go out

"Though you cast out nature with a fork, it will still return."
（性質はくまでで投げ棄てても，まい戻ってくる）もこれと同じ心。

❻ When poverty comes in at the door, love flies out of the window.
貧乏神が戸口からはいってくると，愛の神は窓からとび出る（金の切れ目が縁の切れ目。夫婦げんかも無いから起こる）

家計が不如意だと夫婦げんかも起こるというたとえ。17世紀ごろからすでに引用されています。

❼ When the cat is away the mice play.
ネコのいぬ間にネズミが遊ぶ（鬼のいぬ間に洗たく）

ネコのいぬ間にネズミが遊ぶ（鬼のいぬ間に洗たく）

主人や上役がいないと仕事をやめて好き放題をしだすというたとえ。17世紀ごろからのもの。"Away"と"play"が脚韻をふんでいます。

ネコとネズミの間柄については，つぎのようなことわざもあります。

"Can a mouse fall in love with a cat?"（ネズミがネコに恋をするものか。提灯に釣鐘）

❽ When you are in Rome do as the Romans do.
ローマにいるときはローマ人のするようにせよ（郷に入っては郷にしたがえ）

　所かわれば品かわる。国によってそれぞれ風俗習慣がことなるから、土地の習慣にしたがって、いやがられないように努めるのが賢明であるという意。

　4世紀にミラノの聖者聖アンブロシウス St. Ambrose が聖アウグスティヌス St. Augustine にあたえた忠告のなかに、つぎのように出ています。

　"When in Rome, live as the Romans do; when elsewhere, live as they live elsewhere."（ローマにあるときは、ローマ人と同じように暮らし、他の土地にあるときは、土地の人と同じように暮らしなさい）

❾ Where there's a will there's a way.
志あるところに道あり（精神一到なにごとか成らざらん）

　やる気があれば、どんなに困難なことでもやりとげる道が開けるという意味。

　このことわざをもじって、

　"Where there's a will there's a lawyer."（遺言のあるところに弁護士あり）ということがあります。遺産相続の争いに弁護士が登場するというわけです。この場合の "will" は「遺言」の意味。

❿ What the eye does not see the heart does not grieve.
目で見ないものを心が悲しむことはない（知らぬが仏）

16世紀ごろからのもの。知ればこそ腹も立ち，悲しくもなるが，知らなければ平気でいられるという意。このことわざは，人の不幸には目を閉じよ，という意味にとられる恐れもあります。

"Grieve"を他動詞に用いるのは16世紀の用法のなごり。

⓫ Whom the gods love die young.
神に寵愛される者は若くして死ぬ（佳人薄命）

神に愛される人は早く神のおそばに召されるという意味で，若死した人の近親者をなぐさめることばとして使われました。これには，来世は現世よりもよいところだという思想的背景があります。16世紀ごろ英語にはいったギリシア・ローマのことわざ。

このことわざにはまた，「神に愛されて幸福な生涯を閉じる老人の心は若々しい」という別の解釈もあります。

現代英語の文法では，"whom"の前には先行詞"those"が必要ですが，ことわざの場合は古い語法のままで用いられるのが普通です。

⑫ Wonders last but nine days.
（人のうわさも七十五日）

　チョーサーのころからの古いことわざで，シェイクスピアにもよく引用されています。このことわざから"a nine days' wonder"という成句ができて，すぐ珍しくなくなる事がらを指すようになりました。現今では，センセーショナルな新聞種になった事件に用いられることが多いことわざです。第二次世界大戦中，はりきり新任将校は兵隊から"a nine days' wonder"（三日坊主）といってひやかされたといいます。

⑬ Work while it is day.
日のあるうちにはたらけ

　生きているうちに心残りのないよう，しっかりはたらいておけという意。新約聖書「ヨハネによる福音書」のつぎのことばに由来するもの。

　"I must work the works of him that sent me, while it is day: the night comes, when no man can work."（われをつかわせし者の業を日のあるうちに果たさねばならぬ。夜になれば働くことあたわざれば）

Y

❶ Yielding is sometimes the best way of succeeding.
譲歩も時には成功の最良法である（負けるが勝）

　相手にゆずって一歩ひきさがったようにするのが，時にはかえって利益を得るという意。

❷ You cannot make a silk purse out of a sow's ear.
豚の耳から絹の財布はできない（瓜のつるになすびはならぬ）

　粗悪な材料から優秀な製品はできない。生まれつきできのわるい者をすぐれた人間に仕上げることはできないというたとえ。"Sow"はめす豚のこと。発音は［sau］。16世紀ごろは，「山羊の毛で絹はできない」といっていました。現今の形は18世紀からのもの。

❸ **You never know what you can do till you try.**
やってみなければ自分の力はわからない（案ずるより生むが易し）

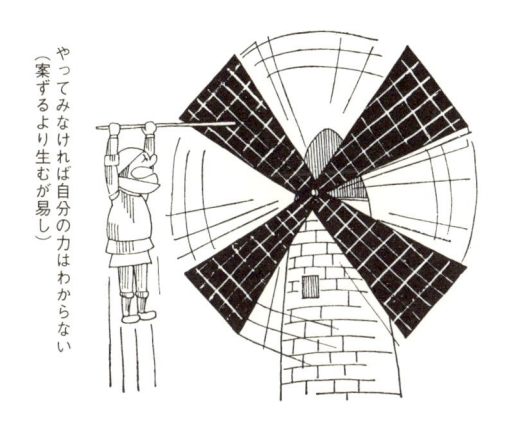

19世紀に生まれたことわざ。

❹ **Young men see visions; old men dream dreams.**
青年は未来を夢み，老人は過去を夢みる

旧約聖書「ヨエル書」から出たことば。
"See visions"は，将来のことを空想すること。"Dream dreams"は過去の思い出にふける意。"Dreams"は，いわゆる同族目的語。

INDEX

この索引は,本書に出てくる「ことわざ」すべてをアイウエオ順に配列してあります。「ことわざ」の後の括弧の中に示したローマ字は,アルファベットの項目を示し,数字はその項目中の配列番号を示すものです。したがって,ページで引いていただいても,配列項目で引いていただいてもよいわけです。

あ

赤ん坊の口から (O—❼) 110
あきらめが肝心 (W—❹) 147
悪事千里を走る (I—❻, M—❽) 67, 93
悪銭身につかず (I—❺, L—❿) 66, 82
悪と悪とで善にはならぬ (T—❹) 143
悪の易きこと火の原を焼くがごとし (I—❼) 67
悪魔が御者なら走らざるをえない (N—❸) 96
悪魔と食事するものは長いスプーンを使え (H—❾) 61
悪魔は怠け者の仕事を見つける (S—❶) 117
悪魔も絵にかいたほど黒くはない (T—❿) 126
悪魔を談ずれば悪魔いたる (T—❹) 124
悪利の栄えることなし (I—❺) 66
悪しき交わりは善きならわしをそこなう (E—❾) 48
あしたはあしたの風が吹く (S—❺) 122
あすの百より今日の五十 (A—❷) 9
あたうるは受くるよりも幸いなり (I—❾) 71
あたって砕けよ (N—❷) 102
新しいほうきはきれいに掃ける (A—❷) 16
あつものにこりて,なますを吹く (A—❸) 10
あやまちて改むるにははばかるなかれ (I—❷) 71
あやまちのもっとも少ないものが最上の将である (H—❼) 61
あやまちをしない者は,なにもできない (H—⓬) 63

155

項目	ページ
あやまつは人の常 (T—㊵)	139
あらしになされた誓いは凪の日には忘れられる (V—❷)	145
あらしに港をえらばず (A—㊴)	22
逢わねばいや増す恋心 (A—㉜)	19
憐れみは愛に近し (P—❶)	111
案ずるより生むが易し (Y—❸)	153
安全第一 (I—⓭)	69
いいわけをする者は，みずから罪を問う者なり (H—❿)	62
いかに長い川もいずれは海に流れ込む (E—❺)	42
生きて学ぶ (W—❸)	147
石から血は出ない (O—❻)	105
石の上にも三年 (A—㉓)	17
意志は曲げがたし (A—⓲)	15
出雲の神の縁結び (M—❿)	90
急がば回れ (M—❶, T—⓮)	87, 128
一押し，二金，三おとこ (F—❶)	49
一事成れば万事成る (N—⓳)	102
一度泥棒するとやめられない (O—❺)	105
一番遠い回り道が一番近い帰り道 (T—⓮)	128
一斑をもって全貌を推すべからず (O—⓮)	108
一文惜しみの百知らず (N—❻)	97
1ペニーの貯金は1ペニーのもうけ (A—㉑)	16
一毫の差千里となる (A—⓳)	16
一葉落ちて天下の秋を知る (A—㉘)	18
一羽のツバメは夏を告げず (O—⓮)	108
一を聞いて十を知る (A—㉛)	19
一寸の虫にも五分の魂 (E—❸)	41
一朝にして堕落するものなし (N—❿)	99
一本のワラよく風向きを示す (A—㉘)	18
犬に悪名をつけるのは，これを絞殺するにひとしい (G—❷)	54
犬にも得意のときがある (E—❼)	43
犬は共食いせず (D—⓯)	40

犬骨折ってタカの餌食（O—⓭） 108
犬も歩けば棒にあたる（E—❼） 43
犬を打つ棒はすぐに見つかる（A—㉖） 18
癒すことのできぬものは忍ばねばならぬ（W—❹） 147
いわぬが花（L—❷） 78
いわぬはいうにいやまさる（S—⓫） 120
因果応報（A—㊸） 24
牛は牛づれ，馬は馬づれ（E—❽） 44
氏より育ち（M—❹） 88
美しい羽は美しい鳥をつくる（F—❺） 51
馬が盗まれてから馬屋を閉めても遅すぎる（I—㉓） 72
馬を水際に連れて行けても，
　むりに飲ませることはできない（A—⓲） 15
馬を盗んで罪をまぬがれ，垣をのぞいて罰せらる（O—❾） 107
瓜のつるになすびはならぬ（Y—❷） 152
売り物に花をかざる（N—❾） 98
うわさをすれば影がさす（T—❹） 124
笑顔に刃は向けられぬ（A—㉕） 17
得やすければ失いやすし（L—❿） 82
縁は異なもの味なもの（M—❿） 90
大きいノミは小さいノミにかまれる（B—❽） 28
岡目八目（L—⓱） 84
臆病者はいくども死ぬ（C—❽） 33
贈られた馬の口の中をのぞくな（D—❿） 38
おくれたやつは鬼に食われろ（E—❾） 44
おごる平家は久しからず（P—❼） 113
遅くともなさざるにまさる（B—❻） 28
男は気で，女は顔で年をとる（A—⓱） 15
同じ羽の鳥はともに集まる（B—❾） 29
鬼のいぬ間に洗たく（W—❼） 148
鬼のなかにも仏がいる（T—❿） 126
おのが刀でおのが首（G—❸） 54

157

おのれも生き，人も生かせ （L—⑭） 84
溺れる者はワラをもつかむ （A—⑧） 12
思いきってなさねば得るところなし （N—⑳） 102
思い立ったが吉日 （N—⑤，T—㉞） 97, 136
親に似たカエルの子 （L—⑪） 82
終りが大事 （A—㉟，L—⑯，T—⑫） 21, 84, 127
終りに注意せよ （L—⑯） 84
終りよければすべてよし （A—㉟） 21
恩に報ゆるに恩をもってする （O—⑧） 106

か

隗より始めよ （P—⑤） 112
学習に老齢なし （N—⑦） 97
学問に王道なし （T—㉝） 136
影をとらえて本体を失うな （C—②） 31
菓子をたべておきながら，
　まだ持っていたいといっても無理である （O—②） 104
佳人薄命 （W—⑪） 150
風が吹けば桶屋がもうかる （I—⑫） 68
語るに落ちる （H—⑩） 62
勝てば官軍 （A—㉝） 20
金が金を生む （M—⑭） 92
金でうごかぬ者はない （E—⑩） 45
金は戦力なり （M—⑮） 92
金を愛するは，もろもろの悪しきことの根なり （T—⑱） 129
金を貸せば友を失う （L—④） 79
金の切れ目が縁の切れ目 （W—⑥） 148
壁に耳あり （W—①） 146
果報は寝て待て （E—⑭） 46
神に寵愛される者は若くして死ぬ （W—⑪） 150
神のうすはゆるやかに回れどあますことなし （G—⑦） 56
神は田園をつくり，人間は都会をつくる （G—⑥） 55

神はみずから助くる者を助く（G—❺）..55
亀の甲より年の功（W—❸）...147
ガラスの家に住む者は石を投げるな（T—㉟）..............................137
かわいい子には旅をさせよ（S—❿）..120
川のなかで鞍替えするな（D—⓬）..39
簡潔は機知の真髄なり（B—⓬）..30
寛大である前に公正であれ（B—❶）..26
艱難なんじを玉にす（N—❽）..98
がんばりは難事を克服する（I—⓰）..70
既往はとがめず（L—❺）...79
聞くと見るとは大違い（N—⓫）..99
期待しない者はしあわせである（B—❿）...29
きちんとしまえば，さっと見つかる（F—❹）................................50
きつい言葉だけなら怪我はない（H—❺）..60
木仏金仏石仏（O—❻）...105
希望の泉は枯れず（H—⓰）..64
窮すれば通ず（T—❽）...125
窮鳥枝をえらばず（A—❽，B—❸）..12, 27
共存共栄（L—⓮）..84
今日なしうることを明日まで延ばすな（N—❺）...........................97
今日の一針，明日の十針（A—㉗）...18
今日のことは今日だけ（S—⓯）..122
虚偽の友より公然の敵（B—❺）..27
近侍から見れば英雄なし（N—⓫）..99
禁断の実はうまい（F—⓫）..53
苦あれば楽あり（M—❾，T—⓱）...90, 129
空腹は最良のソースである（H—⓱）..64
「くさった魚」と呼び歩く者なし（N—❾）....................................98
鎖の強さは，もっとも弱い環によって決まる（A—❻）..............11
口に銀のさじをくわえて生まれてくる人は，
　めったにいない（N—⓱）...101
口は禍の門（L—❷）...78

くつ屋はくつ型をまもれ（T—❼）	125
苦は楽の種（E—❻, N—❽）	43, 98
苦労を出迎えるにはおよばない（D—⓫）	38
黒と黒とで白にはならぬ（T—㊺）	141
君子危うきに近よらず（D—❺）	36
警戒は警備なり（F—⓬）	53
計画は人にあり，成敗は天にあり（M—❸）	87
芸術は長く，人生は短し（A—㊵）	23
下種の知恵は後につく（I—⓱）	70
毛を刈った羊には神も風をやわらげる（G—❽）	56
けんかはひとりではできない（I—㉖）	74
現在にまさるときはない（T—㉞）	136
賢者には一言で十分（A—㉛）	19
賢者は孤独のときほど友多し（A—㉚）	19
賢人は他人の欠点を見て自分の欠点を直す（B—⓭）	30
言は簡潔をたっとぶ（B—⓬）	30
恋と戦は手段をえらばない（A—㉝）	20
恋は思案のほか（L—⓲）	85
恋は盲目（L—⓲）	85
光陰矢のごとし（T—㊳）	138
幸運はだれの門も一度はたたく（F—⓭）	53
甲が蒔いて乙が刈る（O—⓭）	108
好漢惜しむらくは兵法を知らず（I—⓲）	71
交換は強奪にあらず（E—⓲）	47
好機逸すべからず（M—❷, S—⓮, T—❸㉔）	87, 122, 124
巧言はアメリカボウフウに味つけず（F—❷）	49
巧言令色鮮し仁（F—❷）	49
好事魔多し（T—㉘）	133
郷に入っては郷にしたがえ（W—❽）	149
甲の食物も乙には毒（O—❿）	107
恋人の仲がいは恋の若返り（T—⓭）	127
弘法筆をえらばず（A—❶）	9

弘法も筆の誤り（E—❹） 42
虎穴に入らずんば虎児を得ず（N—⓴） 102
心ここにあらざれば聞けども聞こえず（N—⓰） 101
心ここにあらざれば見れども見えず（N—⓯） 101
志あるところに道あり（W—❾） 149
心は熱すれども肉体よわし（T—㉒） 131
孤掌鳴らしがたし（I—㉖） 74
小銭に気をつければ大金の世話はいらない（T—❶） 123
コックが多いとスープがまずくなる（T—㊶） 140
コップを口にもっていく間にも，しくじりがある（T—㉘） 133
事が起こるまえに影がさす（C—❺） 32
事には前兆がある（C—❺） 32
言葉少なければ，たたり少なし（L—❷） 78
子どもは耳が早い（L—⓭） 83
子どもはおとなの父（T—❻） 125
この父にしてこの子あり（L—⓫） 82
ころがる石はコケむさず（A—㉓） 17
ころばぬ先の杖（F—⓬，L—⓯，P—❻，P—❿）............53, 84, 112, 114

さ

歳月人を待たず（T—㊱） 138
再考は最善なり（S—❷） 117
最後に笑う者が笑いの最上（H—❽） 61
最後のワラ一本がラクダの背をつぶす（T—⓯） 128
最善のもの堕落すれば最悪と化す（C—❼） 33
最善は善の敵（T—❺） 124
債務短ければ交友長し（S—❻） 118
さかんに泥を投げつければ多少はくっつく（F—❽） 52
殺人はかならず露見する（M—⓲） 93
雑草ははびこりやすい（I—❼） 67
さまざまの人間がいてこそこの世の中（I—㉕） 73
去るものは日々にうとし（O—⓰） 109

161

さわらぬ神にたたりなし (L—⑥)	80
三月の風と四月の雨で五月の花が咲く (M—⑨)	90
三十六計逃げるにしかず (H—⑪)	62
三人の秘密は秘密にならぬ (A—㉔)	17
三人寄れば公界 (A—㉔)	17
三人寄ればけんかのもと (T—㊼)	142
三人寄れば文殊の知恵 (F—⑩, T—㊻)	52, 142
仕上げが仕事に栄冠をあたえる (T—⑫)	127
時間の厳守は実務の真髄である (P—⑨)	113
自業自得 (A—㊸)	24
地獄の沙汰も金次第 (E—⑩)	44
地獄への道は善意で敷かれている (T—㉑)	131
事後で賢いは易い (I—⑰)	70
自己保存は自然の第一法則なり (S—⑤)	118
事実は小説よりも奇なり (T—㊷)	141
死者は語らず (D—①)	35
静かな流れは水深し (S—⑫)	121
時代は変わる (T—㊲)	138
親しきなかにも礼儀あり (F—③)	50
死人に口なし (D—①)	35
死は偉大な平等主義者である (D—②)	35
自慢は推せん状にはならぬ (S—④)	118
弱肉強食 (T—㉔)	132
習慣は第二の天性 (H—①)	59
十字架なければ栄冠なし (N—⑧)	98
自由は放縦にあらず (L—⑦)	80
手中の一羽は，やぶの中の二羽に値する (A—②)	9
朱に交われば赤くなる (E—⑲, H—⑬)	48, 63
趣味は説明の仕様がない (T—㉙)	134
順境は幸運者を試練し，逆境は偉人を試練する (P—⑧)	113
小運は大知にまさる (A—㊳)	22
小事を軽んずるなかれ (T—①)	123

小人閑居して不善をなす（S—❶） 117
冗談のうちに真実の語られること多し（M—❼） 89
商売を同じくする者は一致することがまれである（T—㊽） 143
譲歩も時には成功の最良法である（Y—❶） 152
少量もたまれば大量となる（M—❻） 88
諸事に手を下す者は何事にも熟達しない（J—❶） 75
徐々にしかも着実に（S—❽） 119
知らぬが仏（W—❿） 150
知らぬ鬼より知っている鬼の方がよい（B—❼） 28
仁愛はわが家にはじまる（C—❸） 31
真実は井戸の底にあり（T—㊸） 141
真実は勝つ（T—㊹） 141
人生は楽し（L—❾） 81
人生は楽しみばかりではない（L—❽） 81
死んだライオンより生きた犬（A—⓯） 14
死んで花実は咲かぬ（A—⓯） 14
心配は身の毒（C—❶） 31
崇高とコッケイは一歩の差（T—㉗） 133
少しばかりの知識は危険である（A—⓮） 14
すべてをつかめば，すべてを失う（G—❿） 58
すみやかにあたうる者は二度あたうるに等し（H—❻） 60
巣をよごす鳥は愚かなり（I—❾） 68
すんだことはすんだこと（L—❺） 79
寸をあたえれば尺を望む（G—❹） 55
清潔は敬神に近し（C—❹） 32
成功は成功に通ず（N—⓳） 102
精神一到なにごとか成らざらん（W—❾） 149
せいて結婚すれば，あとあと後悔（M—⓫） 90
せいては事を仕損じる（M—⓰） 92
青年は未来を夢み，老人は過去を夢みる（Y—❹） 153
絶望的な病気には荒治療が必要（D—❹） 36
背に腹はかえられぬ（N—❶） 95

163

船頭多くして船山にのぼる（T—㊶）..140
先入主となる（F—❼）..51
相互扶助は自然の法則（M—⓳）..94

た

タールを惜しんで船を失うな（N—❻）..97
大吉は凶に帰る（T—❺）..124
大器晩成（R—❸）..116
貸借は不和のもと（S—❻）..118
大望をいだけ（H—⓮）..63
大欲は無欲に似たり（G—❿）..58
たかぶれば倒れる（P—❼）..113
宝の持ち腐れ（I—⓯）..69
多芸は無芸（A—⓭，J—❶）..13, 75
戦い利あらずして逃ぐるものは，
　生きながらえて再び戦う日あらん（H—⓫）..62
立つ鳥あとを濁さず（I—❾）..68
たで食う虫も好きずき（O—❿，T—㉙）..107, 134
棚からぼた餅は落ちてこない（I—❷）..65
他人の荷物の重さは，だれにもわからない（N—⓭）..100
他人より身内（B—⓫，C—❸）..30, 31
食べ物が多ければ病気も多い（M—⓱）..93
卵を全部一つのかごに入れるな（D—❾）..38
民の声は神の声（T—㉓）..131
ためらう女は負ける（T—㉕）..132
便りのないのはよい便り（N—⓬）..100
足るを知れ（E—❷）..41
団結は力なり（U—❶）..144
小さい水差しに大きい耳（L—⓭）..83
知恵ありといえども勢いに乗ずるにしかず（A—㊳）..22
知恵は万代の宝（K—❸）..76
知識は力なり（K—❸）..76

血は水よりも濃い（B—⓫）	30
朝食前にうたうと，夜にならぬうちに泣く目にあう（I—❸）	66
ちりも積もれば山となる（M—❻）	88
珍客も長座にすぎれば厭わる（D—⓭）	39
尽き果てるは，さび果てるにまさる（I—⓯）	69
釣り合わぬは不縁の因（U—❷）	144
手が多ければ仕事が楽（M—❽）	89
できる間に快楽を求めておけ（G—❶）	54
鉄は熱いうちに打て（S—⓮）	122
手本は説法にまさる（E—⓱）	47
点滴石をうがつ（C—❻）	32
天道人を殺さず（G—❽）	56
天網恢々疎にして漏らさず（G—❼）	56
天祐を信じても火薬を湿めらすな（P—❿）	114
同時に二カ所にいることはできない（O—❶）	104
同情から愛情へ（P—❶）	111
盗人を捕えてなわをなう（I—㉓）	72
どうせ首をくくられるなら子羊より大羊を盗め（A—㊶）	23
灯台もと暗し（T—❾）	126
到達するよりも希望をもって旅している方がたのしい（I—⓮）	69
同病相あわれむ（M—⓬）	91
同類相食まず（D—⓯）	40
時が変われば作法も変わる（O—⓯）	109
時と潮は人を待たず（T—㊱）	138
時はいかに強い悲しみをもいやす（T—㊴）	139
時は前髪でつかめ（T—❸）	124
徳は賞を求めず（V—❶）	145
徳は人なり（M—❹）	88
徳はみずから報いる（V—❶）	145
毒をくらわば皿まで（A—㊶, I—❽）	23, 67
時計をもどすことはできない（O—❼）	106
トゲのないバラはない（T—㉜）	135

どこかに線をひかねばならぬ（O—⑪） 107
床ののべ方がわるければ寝心地もわるい（A—㊷） 24
どの雲も裏は銀色（E—⑥） 43
とぶ前に気をつけて見よ（L—⑮） 84
捕らぬタヌキの皮算用（D—⑧） 37
取越し苦労をするな（D—⑦，D—⑪） 37, 38
泥棒に長い綱をやれば首をくくる（G—③） 54
泥を打てば面へはねる（T—㉟） 137
鈍智貧福下戸上戸（I—㉕） 73
どんな長い日も，かならず暮れる（T—⑰） 129
どんなに規則正しい家でも事故は起きるもの（A—⑤） 11

な

無い袖は振られぬ（N—⑱） 101
直すに遅すぎることなし（I—⑳） 71
長生きはするもの（W—③） 147
長居して飽きられるな（D—⑬） 39
泣き面にハチ（I—㉔，M—⑬） 73, 91
泣く子と地頭には勝てぬ（N—③） 96
情けは人のためならず（O—⑧） 106
七転び八起き（H—⑯） 64
なにごとも，まず始めなければならぬ（E—⑮） 46
生兵法は大怪我のもと（A—⑭） 14
習い性となる（H—①） 59
習うより慣れよ（P—④） 112
ならぬ堪忍するが堪忍（T—㊵） 139
鳴る戸は長くもつ（A—⑦） 11
なれ過ぎると悔りを招く（F—③） 50
なんじの欲するところを人に施せ（D—⑥） 37
なんじら人を裁くな，裁かれざらんためなり（J—②） 75
なんじを知れ（K—②） 76
なんでもやる人は何ひとつ秀でない（A—⑬） 13

何びとにも利するところなき風は悪風なり (I—⑫) 68
二悪のうち小悪をえらべ (O—❸) 105
にがした大魚は海にいくらでもいる (T—㉖) 133
憎まれっ子世にはばかる (I—❼) 67
二君に仕えることはできない (A—⑯) 14
二足のわらじをはくことはできない (A—⑯) 14
似たもの夫婦 (E—❽) 44
二兎を追うものは一兎をも得ず (O—❶) 104
ぬか喜びはするな (D—⑭) 40
盗み食いのうまさ (F—⑪, S—⑬) 53, 121
盗みたる水はうまし (S—⑬) 121
ネコに九生あり (A—❹) 10
ネコのいぬ間にネズミが遊ぶ (W—❼) 148
ネコも心配すれば死ぬ (C—❶) 31
ネズミは沈む船を去る (R—❶) 115
寝ていて転んだためしなし (H—⑫) 63
眠っている犬は寝かせておけ (L—❻) 80
念には念を入れよ (L—⑮, S—❷) 84, 117
能あるタカは爪をかくす (S—⑫) 121
望めど望まれず (T—❷) 123
のどもと過ぎれば熱さを忘れる (V—❷) 145
乗りかかった舟 (I—❽) 67
のろいは鶏のようにねぐらに帰る (C—❾) 34

は

馬鹿と金はすぐ別れる (A—❾) 12
馬鹿の一つ覚え (A—⑩) 12
馬鹿の金にあしたなし (A—❾) 12
馬鹿はすぐ矢を射る (A—⑩) 12
馬鹿者こわい物知らず (F—❾) 52
馬鹿者は天使の恐れるところへ突進する (F—❾) 52
初めが大事 (F—❼) 51

初めの印象がもっとも長くつづく（F—❼）	51
初めの勝ちはくそ勝ち（H—❽）	61
八方美人たのむにたらず（A—⓬）	13
話半分見て四分の一（B—❹）	27
早いもの勝ち（T—⓫）	127
早起き鳥が虫をとらえる（T—⓫）	127
早起きは三文の得（E—❶）	41
速きもの走ることに勝つにあらず， 　強きもの戦いに勝つにあらず（T—⓴）	130
早寝早起きは健康, 富裕, 賢明となる道（E—❶）	41
腹いっぱいはご馳走とおなじ（E—❷）	41
腹も身のうち（M—⓱）	93
パンあれば悲しみもやわらぐ（A—㊱）	21
万人の友はだれの友でもない（A—⓬）	13
半分でもパンのないよりはまし（H—❷）	59
光るものかならずしも黄金ならず（A—㉞）	20
必要の前に法律はない（N—❶）	95
必要は発明の母（N—❷）	95
ひどい目より控え目（I—⓭）	69
一筋なわではゆかぬ（O—❹）	105
一つまちがえば一里も狂う（A—⓳）	16
人には添うてみよ, 馬には乗ってみよ（T—⓳）	130
人のうわさも七十五日（W—⓬）	151
人の心は十人十色（S—❾）	120
人の振り見てわが振り直せ（B—⓭）	30
人はすべておのが業につけ（E—⓬）	45
人は見かけによらぬもの（A—㉞, J—❸）	20, 75
人はみな自己の運命の建設者なり（E—⓫）	45
人目につかず咲く花多し（M—❺）	88
ひとり自慢のほめ手なし（S—❹）	118
人をのろわば穴二つ（C—❾）	34
ヒナがかえらぬうちに数えるな（D—❽）	37

日のあるうちにはたらけ（W—⑬）	151
日の照っている間に草を乾かせ（M—❷）	87
火のないところに煙はたたぬ（N—⑭）	100
美貌も皮ひとえ（B—❷）	26
百聞は一見にしかず（S—❸）	118
表紙で書物を判断するな（J—❸）	75
豹はその斑点を変えることができない（T—⑯）	128
貧は諸道のさまたげ（P—❸）	112
貧乏神が戸口からはいってくると, 愛の神は窓からとび出る（W—❻）	148
貧乏は罪にあらず（P—❸）	112
夫婦げんかも無いから起こる（W—❻）	148
夫婦は神によって結ばれる（M—❿）	90
復しゅうはたのし（R—❷）	115
覆水盆にかえらず（I—㉑）	72
不言実行（D—❸）	35
不幸は奇妙な仲間をつくる（M—⑫）	91
二つよいことはない（O—❷）	104
豚の耳から絹の財布はできない（Y—❷）	152
二人の知恵は一人にまさる（T—㊻）	142
二人は仲よし, 三人は仲間割れ（T—㊼）	142
不釣合な結婚が幸福であったことはめったにない（U—❷）	144
プディングの味は食べてから（T—⑲）	130
降ればどしゃ降り（I—㉔）	73
分別は勇気の大半なり（D—❺）	36
ヘタな職人は道具を責める（A—❶）	9
勉強勉強で遊ばない子は馬鹿になる（A—㊲）	22
傍観者よく勝敗を知る（L—⑰）	84
坊主憎くけりゃ袈裟まで憎い（L—⑳）	86
星に車をつなげ（H—⑭）	63
細く長く愛せよ（L—⑲）	85
骨にしみ込んだものは体から抜けない（W—❺）	147

ホメロスも居眠りすることがある (E—❹) 42

ま

蒔いた通りに刈りとらねばならぬ (A—㊸) 24
曲り目のない道はない (I—❿) 68
負けるが勝 (Y—❶) 152
馬子にも衣裳 (F—❺) 51
まさかの友こそ真の友 (A—⓫) 13
まずウサギを捕えよ (F—❻) 51
貧しい心でも，うれしいことはあるもの (I—⓫) 68
待たるるとも待つ身になるな (A—㉙) 19
待つ間が花 (I—⓮) 69
待つ身は長い (A—㉙) 19
待つ者はなんでもかなえられる (E—⓮) 46
祭りより前の日 (I—⓮) 69
待てば海路の日和 (E—❺, E—⓮, I—❿, T—⓱) 42, 46, 68, 129
満は損をまねく (T—❺) 124
見えなくなると忘れ去られる (O—⓰) 109
身から出たさび (A—㊷) 24
みずから説くところを実行せよ (P—❺) 112
見たことを全部信じてはならぬ，
　　聞いたことは半分も信じてはならぬ (B—❹) 27
三つ子の魂百まで (T—❻, T—⓰, W—❺) 125, 128, 147
港の口で船やぶる (T—㉘) 133
見まもる湯沸しはなかなか沸かない (A—㉙) 19
みめより心 (H—❸) 59
ミルクをこぼして泣いてもはじまらぬ (I—㉑) 72
見れば信じるようになる (S—❸) 118
みんなの仕事は，だれの仕事でもない (E—⓭) 46
無言は承諾のしるし (S—❼) 119
虫けらでも向きなおる (E—❸) 41
むずかしいのは第一歩 (I—㉒) 72

170

むだせずば事欠かず（W—❷）	146
無中有を生ぜず（N—⓲）	101
ムチを惜しめば子をそこなう（S—❿）	120
冥途の道には王もない（D—❷）	35
盲人もし盲人を手引きせば，二人とも穴に落ちん（I—❶）	65
目で見ないものを心が悲しむことはない（W—❿）	150
最も暗い時間は夜あけまえである（T—❽）	125
最も暗いのは燭台の下である（T—❾）	126
物事は来るがままに受け取れ（T—❷）	123
物事は中途半端にするな（N—❹）	96
ものもらいはより好みせず（B—❸）	27
もみがらで老鳥はとれない（O—❹）	105
もらいものに苦情（B—❸，D—❿）	27, 38
もらうものなら夏でも小袖（H—❷）	59
森を出ないうちに口笛ふくな（D—⓮）	40

や

やけどした子は火を恐れる（A—❸）	10
やさしい心は宝冠にまさる（K—❶）	76
八つ子も癇癪（E—❸）	41
やってみなければ自分の力はわからない（Y—❸）	153
ヤナギに雪折れなし（A—❼）	11
やぶをつついてヘビを出すな（L—❻）	80
山がマホメットのもとに来なければ，マホメットが山に行かねばならぬ（I—❷）	65
やりかけたことは，やり通せ（I—❽）	67
柔らかい答えは怒りをそらす（A—㉕）	17
勇壮なれども戦いにあらず（I—⓲）	71
雄弁は銀，沈黙は金（S—⓫）	120
油断大敵（P—❿）	114
ゆっくり急げ（M—❶）	87
夢は逆夢（D—⓰）	40

よいものはそのままにしておけ（L—❸）	78
用心にまさるクスリなし（P—❻）	112
よく学びよく遊べ（A—㊲）	22
預言者は故郷に容れられず（A—㉒）	16
よごれものの洗たくは人に見せるな（O—⓬）	107
四つの目は二つよりよく見える（F—❿）	52
世の中はあい身たがい（O—❽）	106
世の中は持ちつ持たれつ（L—⓮）	84
弱いものは押しのけられる（T—㉔）	132
弱気で美女を得たためしなし（F—❶）	49
弱り目にたたり目（I—㉔, M—⓭）	73, 91

ら

楽あれば苦あり（L—❽）	81
楽は苦の種（I—❸）	66
りっぱな行ないの人こそ美しい（H—❸）	59
りっぱにやりたければ自分でやれ（I—❹）	66
良酒に看板不要（G—❾）	57
臨機応変（O—⓯）	109
類は友を呼ぶ（B—❾, L—⓬）	29, 83
類をもって集まる（L—⓬）	83
礼をつくすに費用はかからぬ（P—❷）	111
歴史のない国はしあわせである（H—❹）	60
瀝青にさわると手がよごれる（H—⓭）	63
連帯責任は無責任（E—⓭）	46
老人の馬鹿ほど馬鹿なものはない（T—㉚）	134
ローマにいるときはローマ人のするようにせよ（W—❽）	149
ローマは一日にして成らず（R—❸）	116
六十の手習い（B—❻, N—❼）	28, 97
論より証拠（E—⓱, T—⓳）	47, 130

わ

わが家にまさるところなし（T—㉛）......134
若い男はそれぞれ女がいる（E—❽）......46
わが身が頼り（G—❺）......55
わが家楽の釜だらい（T—㉛）......134
わけには，いわれが付きもの（E—⓰）......46
禍はひとりでは来ない（M—⓭）......91
禍も福の端となる（T—❽）......125
私を好きなら私の犬も（L—⓴）......86
渡らぬうちから橋の心配をするな（D—❼）......37
笑うかどには福来たる（L—❶）......78
笑えば人も笑い，泣けばひとり泣く（L—❶）......78
わら人形も衣裳から（F—❺）......51
われ勝ち，われ先き（E—❾）......44
割れた茶碗をついでみる（I—㉑）......72

著者略歴

秋本弘介（あきもとこうすけ）

1915年神戸市生まれ
神戸市高等商業高校，神戸外国語大学卒業
ミシガン大学留学(M.A)
元神戸商科大学教授
1977年逝去

新版 英語(えいご)のことわざ

2000年11月10日　第1版第1刷発行
2016年3月10日　第1版第8刷発行

著　者　　秋　本　弘　介
発行者　　矢　部　敬　一
印刷所　　㈱太　洋　社

発行所　　株式会社　創元社

〒541-0047 大阪市中央区淡路町4-3-6
　　　電話　06(6231)9010(代表)　　FAX 06(6233)3111
　　　URL http://www.sogensha.co.jp/
東京支店
〒162-0825 東京都新宿区神楽坂4-3 煉瓦塔ビル
　　　電話　03(3269)1051　(代表)

Ⓒ 2000　Junichi Akimoto　Printed in Japan
＊本書の全部または一部を無断で複写・複製することを禁じます。
＊落丁・乱丁の本はお取り替えいたします。

ISBN978-4-422-81135-2　　C0082〈検印廃止〉

JCOPY〈(社)出版者著作権管理機構 委託出版物〉

本書の無断複写は著作権法上での例外を除き禁じられています。
複写される場合は、そのつど事前に、(社)出版者著作権管理機構
(電話 03-3513-6969, FAX 03-3513-6979, e-mail:info@jcopy.or.jp)
の許諾を得てください。

●好評！創元社の英語の本●

山本忠尚監修/創元社編集部編　　B6判　396ページ　1500円
新版　日英比較ことわざ辞典
英語と日本語のことわざを対比しながら，東西文化にひそむ真理・教訓・ユーモア・人情の機微を探る。日英の多くのことわざのほか，中国の格言も満載した，英語学習者必携の1冊。

崎村耕二　　　　　　　　　　　　　A5判　264ページ　2250円
英語論文によく使う表現
書式の説明だけでなく，実際に欧米でよく使う英語文例約800例を収録，各々に和訳，注，解説を付ける。人文・社会科学系の人には必携の1冊。巻末に略語，句読点等の付録つき。

＊価格には消費税は含まれておりません。